The New Infinity

Visuelle Kunst und Musik in Planetarien

Visual Art and Music in Planetariums

Verlag der
Buchhandlung
Walther König

Herausgeber / Editor
Thomas Oberender

Planetarien sind Galerien der Zukunft: Ihre Fulldome-Projektionen erzeugen den größten Bildraum der Welt und verfügen über den höchsten Standard digitaler Sound- und Videotechnologie. Sie zeigen riesige Bilder ohne Rahmen, die ihre Betrachter*innen völlig umgeben und in einen anderen Raum versetzen. Das Gebäude ‚verschwindet‘ dabei in jenem Raum, der von ihm selbst projiziert wird. Im analogen ‚Sternentheater‘ war es das All, heute sind es oft digitale Raumsimulationen, die ein Gefühl der Unendlichkeit und ein neues, tableauhaftes Sehen erzeugen. Insofern sind Planetarien auch die Orte einer neuen, planetarischen Sichtweise, in der das Erlebnis des eigenen Eingebettetseins eine fundamentale Rolle spielt. Was in den VR-Experiences vereinzelt und allein erlebt wird, ist im Planetarium eine kollektive Erfahrung. Ihre weltweit verfügbare Infrastruktur für Künstler*innen des digitalen Zeitalters zu öffnen, war die Idee der Reihe *The New Infinity.* In ihr haben die Berliner Festspiele und das Planetarium Hamburg Arbeiten für digitale Fulldome-Systeme beauftragt und im Entstehungsprozess begleitet. Der vorliegende Band reflektiert die Geschichte und Möglichkeiten des Planetariums als Ort für zeitgenössische Kunst und dokumentiert die bislang entstandenen Arbeiten und Erfahrungen.

Planetariums are galleries of the future: their fulldome projections create the largest image space in the world and boast the highest digital sound and video technology standards. They display huge images without a frame that completely surround their observers and transport them into another space. The building ‘disappears’ into the space that it itself has projected. In the analogue ‘star theater’ it was the universe, today it is often digital space simulations that create a feeling of endlessness and a new, tableau-like way of seeing. In this respect, planetariums also serve as places for a new planetary perspective, in which the experience of being embedded plays a fundamental role. The VR experience is individualised and solitary, but in the planetarium it becomes a collective one. The idea behind *The New Infinity* series was to open its globally accessible infrastructure for artists of the digital age. The Berliner Festspiele and the Planetarium Hamburg commissioned works for digital fulldome systems in the planetarium and accompanied the development process. This publication reflects on the history and the possibilities the planetarium offers as a space for contemporary art, and documents the works and experiences that have resulted to date.

INHALTSVERZEICHNIS

CONTENTS

Eine Architektur der Entgrenzung

Thomas Oberender

Das Planetarium als Galerie der Zukunft

Es gibt wenige Orte, die so immersiv wirken wie Planetarien. Schon eine simple Sternenprojektion bringt die bauliche Konstruktion des Saals mit seinen Wänden und Apparaten zum Verschwinden. Sie ersetzt den Raum, in dem die Gäste sich befinden, durch einen anderen, den kosmischen Raum. In dieser Situation ist das Publikum des Planetariums in zwei Räumen zugleich – einem physischen und einem imaginären. Planetarien sind exemplarische Orte einer Wirklichkeitssubstitution – die physische Welt gleitet beinahe unmerklich hinüber in eine virtuelle, die in einem Zusammenspiel aus Licht, Ton und Erzählung das dichte Dasein einer anderen Natur vermittelt.

Situative Räume

Manche Kunstwerke werden als Objekte betrachtet, andere eher als Prozesse. So gibt es Künstler*innen, die eher Situationen erschaffen als Sachen. Sie stellen zwar Dinge her, ihr eigentliches Werk aber empfinden sie erst als das, was durch diese Objekte als der lebendige Kosmos einer Ausstellung zu erleben ist. Für Philippe Parreno oder Anne Imhof ist die Ausstellung ihr eigentliches Werk – das Zusammenspiel der von ihnen gestalteten Artefakte in einer von ihnen kuratierten Ökologie von Dingen, Körpern, Licht und Klang, die ein lebendiges Ganzes erzeugen, in dem mehr spricht als die Objekte selbst. Sie organisie-

ren eine Begegnung und Erfahrung, die nicht aus der Distanz der Besucher*innen ersteht, sondern aus deren aktivem Einbezogensein in die Situation des Werkes.

Während man sich einem Gemälde oder einer Skulptur eher gegenüberstellt, tritt man in eine Ausstellung ein. Als Besucher*in werde ich von ihr wahrgenommen, manchmal, wie bei Pierre Huyghe, sogar namentlich begrüßt und als Gast verkündet. Die ‚vierte Wand' der Ausstellung, die traditionell verhindert, dass die Objekte und Konstellationen auf die Besucher*innen reagieren, und sie durch eine unsichtbare Wand totstellt, wird in solchen Arbeiten aufgelöst. Auch im Planetarium ist dieses reaktive Moment selten der Fall – ist das dargebotene Programm in der Regel doch ein abgeschlossenes Script, das kein Feedback vonseiten des Publikums vorsieht.

Dennoch funktioniert das Planetarium fast immer als intuitiver Erfahrungsraum, der den Wirklichkeitsstatus der Situation durch seine immersive Darstellungsform schlagartig ändert. Der ästhetische Gegenstand rückt den Betrachtenden so besonders nahe, weil er sie vollkommen umgibt. Hier bewegen sich die Sterne, nicht die Besucher*innen. Anders als im Museum kommen die Dinge zu ihnen und zwar von allen Seiten. Im Planetarium sieht man aufgrund der riesigen, tableauhaften und tief offenen Umgebung, die es erzeugt, den Wald, nicht die Bäume, das All und nicht den Stern und erfährt so seine eigene Lage mitten darin.

Weil das digitale Zeitalter stark auf Begegnungen zwischen Akteur*innen und weniger auf einer Adressierung von oben herab beruht, wie sie für feststehende Narrationen und hermetische Präsentationen typisch ist, sind die Kunstwerke dieses Zeitalters in der Regel raumschaffend – sie errichten audiovisuelle Ökologien, in die man eintaucht und in denen man sich selbst scheinbar frei und nach eigenem Gutdünken orientiert. Der Blick wird im Planetarium kaum gelenkt, da die vierte Wand der ‚Ausstellung' hier keinen Sinn ergibt – die artifizielle Natur des Bildes ist allumfassend und reicht bis zum Boden, wodurch der Grund, auf dem sich die Besucher*innen befinden, zur scheinbaren Basis des Bildes wird, dessen Drehung Schwindel erzeugt. Das digitale Zeitalter ist feedbackorientiert – die Situation ist nicht abgeschlossen, sondern des Resultat einer Begegnung: Nicht das Entweder-oder von null und eins macht dieses Zeitalter aus, sondern der pausenlose Transfer zwischen dem einen und dem anderen.

Das mechanische Zeitalter war eines der Schrift. In der Schrift konnte das Wissen auf seine Zeit warten – ohne Feedback, ohne Anpassung. Jedes Kloster und später jede große Bibliothek ist ein Zeitspeicher, der die Informationen der Jahrhunderte und Jahrtausende auf Abruf hält. Die Kultur der Schrift ist die der Sender – jede Schrift hat ihren Meister. Im digitalen Zeitalter sind die vielen klüger als der oder die eine. Im digitalen Zeitalter werden nun nicht mehr Texte interpretiert, sondern die Realität selbst wird gescriptet – was ‚Wirklichkeit' ist, die Umgebung einer Bildschirmoberfläche oder eines Flughafengebäudes, ist das Ergebnis einer Form von Berechnung, die eine schmeichelhafte, einladende Oberfläche hervorbringt. Sie reagiert auf jede unserer Aktionen und verändert sich entsprechend, lernt aus unserem Verhalten genauso, wie wir aus den neuen Zeichen und Hinweisen – auf andere Gates, andere Wege – lernen. Diese Scripts reagieren ganz unmittelbar auf das Feedback, das in ihren Umgebungen aufgenommen und ausgesendet wird. Das digitale Zeitalter ist eines der Echtzeit.

Diese gescripteten Realitäten, die ‚sensibel' auf all die vielen Änderungen innerhalb ihres Systems reagieren, werden von Protokollen gesteuert. Sie erzeugen die Situation, in der ich mich innerhalb des Werks bewege – wie in einem Computerspiel. All die unterschiedlichen Ebenen der sinnlichen Wahrnehmung und unserer Begegnung mit Symbolen und Wissen werden durch diese Programme in Echtzeit modifiziert, und Künstler wie Ian Cheng oder Jon Rafman gestalten digitale Systeme, die sich durch ihre Algorithmen autonom weiterentwickeln, die ‚leben', ‚wachsen' und ständig ‚wachsam' bleiben. Für sie sind Planetarien das perfekte Biotop.

Das künstlerische Werk ist hier nichts Fixierbares mehr, sondern ein Fluss aus unterschiedlichsten sinnlichen Erfahrungsebenen und Zeichen, die zur Umgebung werden. Als Besucher*in stehe ich mitten in ihr und werde eingetaucht in die technologische und künstlerische Weltblase des Werks. Die Infrastruktur des Planetariums ist deshalb eine so kostbare Umgebung, weil das Worldbuilding der zeitgenössischen Kunst nur hier einen Gemeinschaftsraum erhält – eine Art Fahrgastzelle zu anderen Wirklichkeiten, deren System ich eingebettet und zunehmend interaktiv erleben kann.

Experience Machine und Decision Theatre

Am Beginn der neuen Medienkunst und digitalen Kultur stand das Werk des amerikanischen Avantgardisten Stan VanDerBeek. Er war Wegbereiter, Visionär und Forscher im Übergangsbereich zwischen neuen Technologien und Kunst, der fasziniert mit den neuen Möglichkeiten des Computers und der modernen Telekommunikation experimentierte. Durch Filme wie den 1963 gedrehten *Breathdeath*, der Terry Gilliam stark beeinflusst hat, ist VanDerBeek vor allem als Experimentalfilmer in Erinnerung. Da seine multimedialen Environments – die eine Weiterentwicklung der Idee des Panoramas und eines medialen Totaltheaters waren – heute nicht mehr existieren, geriet der eigentliche Gedanke seines Schaffens in den Hintergrund: Kunst als ein Erfahrungsfeld zu verstehen, das nicht primär mit Dingen oder Technologien verbunden ist, sondern auf Beziehungen beruht – zwischen in Echtzeit kuratierten Bildern und Tönen, Satellitenbildern und Live-Kommentaren. Genau diese frühe und visionäre Orientierung der Kunstproduktion auf Räume, die ein Feedback erzeugen und ganzheitliche Umgebungen schaffen, macht seine Arbeit im Rückblick so vorausschauend.

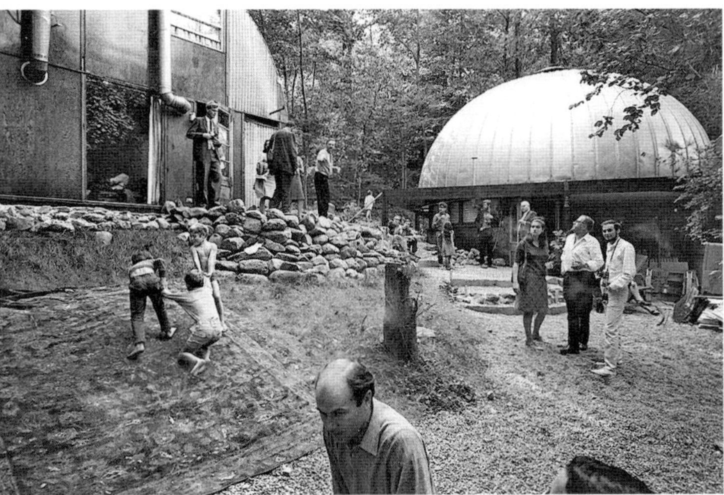

Stan VanDerBeek, der am Black Mountain College Kunst und Architektur studiert hat, baute 1963 in Stony Point bei New York aus den Bauelementen eines Getreidesilos den Prototyp eines Erlebnisraumes, der später, aufgestellt an vielen Orten der Welt, ein Netzwerk bilden sollte, das einer neuen Form von Kommunikation und Weltverständnis gewidmet war. Er nannte diesen Prototyp *Movie-Drome*. Dabei handelte es sich um eine große, in der Natur gelegene Kuppel, die als Spielstätte ähnlich wie ein Panorama durch eine Klappe im Boden betreten wurde. In ihr erzeugten mehrere Film- und Diaprojektoren einen unablässigen

Strom sich aneinanderfügender oder überblendender Bilder. Die Besucher*innen legten sich auf die am Boden liegenden Matten, die Füße in Richtung der Raummitte, und schauten auf eine sie in jeder Richtung umgebende und sich kontinuierlich verändernde Bildercollage. Niemand sah hier den gleichen Film, da ein solcher Film im Grunde nicht existierte. Vielmehr entstand die Vorführung aus einem nie fixierten Fluss an live eingespielten Bildern und Filmpartien, die VanDerBeek über viele Jahre hinweg produziert hatte. Die audiovisuellen Aufführungen im *Movie-Drome* waren eine in Echtzeit kuratierte „Supercollage".[1]

Aber VanDerBeeks Vorstellungen gingen, so schreibt Jürgen Claus, „weit über das Gebäude hinaus und bewegten sich in Richtung der umgebenden Biosphäre, des Kosmos, des Gehirns und sogar in Richtung außerirdischer Intelligenz".[2] Sein *Movie-Drome* war Teil seines Projekts *Culture: Intercom*, das den „Prototyp eines Knotenpunkts einer noch zu entwickelnden Planetarischen Kommunikationsstruktur"[3] schaffen sollte. Es war der Testbau für ein globales Netzwerk von *Movie-Dromes*, die, wie Gloria Sutton schreibt, mit Satelliten im Weltraum verbunden und deren Bilder speichern und weiterleiten sollten.[4] VanDerBeek antizipierte in den 1960er und 70er Jahren die neuen Medien und die partizipative Kunstpraxis von heute, indem er eine Zwei-Wege-Kommunikation entwickelte und so versuchte, dem entfremdenden Aspekt der neuen Technologien durch Transparenz und die Möglichkeit zum Feedback zu begegnen.

Entstanden sind diese Konzepte in der Periode des Kalten Krieges – es war ein Weltzeitalter der Angst, die mit der Kubakrise von 1962 als Gefahr eines atomaren Weltkriegs konkret wurde. Zugleich schufen die Fotos der *Apollo*-Missionen Ende der 1960er Jahre auch ein neues, globales Bewusstsein für die Fragilität des ‚Spaceship Earth', wie es vom Weltraum aus erschien. Anfang der 1970er Jahre fand dies schließlich Ausdruck im Bericht des Club of Rome über die *Grenzen des Wachstums*, der in der westlichen Welt ein neues Umweltbewusstsein entstehen ließ. Angesichts dieser Umwälzungen und Gefahren war VanDerBeeks Projekt *Culture: Intercom* ein Experiment, das menschliche Denken auf ein planetarisches Niveau zu bringen. Der technischen Eskalation der militärischen Vernichtungsmittel im 20. Jahrhundert müsste, um ihre Folgen zu bändigen, „eine emotional-soziologische" Eskalation antworten, schreibt der Medienwissenschaftler Sven Messerschmidt. „Diese Neuskalierung des Denkens war für VanDerBeek die ‚Eintrittskarte' des Menschen ins planetarische Zeitalter."[5]

Heute ist das Internet das globale Medium zur Neuskalierung des Denkens geworden. Seine Bedeutung ist mit der Erfindung des Buchdrucks nicht nur deshalb vergleichbar, weil es ein der Allgemeinheit offenstehendes Medium zur Verbreitung von Gedanken ist, sondern weil es als Medium auch das Denken und Kommunizieren selbst neu strukturiert. Digitalisierung und Kybernetik schufen seit den 1960er Jahren eine andere Logik des Kommunizierens, die an die Stelle des alten Senders die Feedbackstruktur setzt, an die Stelle der Hierarchie die der Ökologie oder des Systems. Statt in Blöcken begann man in Netzwerken und Prozessen zu denken, Icons und Bilder traten an die Seite der Wörter und Buchstaben und führten zum *iconic turn*, der wissenschaftliche Rationalität durch die Analyse von Bildern herstellt. Diese technologischen und erkenntnistheoretischen Entwicklungen verwandelten das gesellschaftliche Bewusstsein.

Mit der alten, mechanischen Welt (und ihren ästhetischen Lehrspiel-Modellen) war die Hybris eines die Natur und Gesellschaft meisternden Bewusstseins verbunden, das ein endloses Wirtschaftswachstum ebenso für gegeben hielt wie die Kolonialisierung anderer Regionen, Kulturen und Ethnien für berechtigt. Diese Hybris ließ zugleich die Empfindung für die Notwendigkeit eines Korrektivs und einer politischen Wende wachsen, was unter anderem zur Umwelt- und Friedensbewegung in den USA und Europa führte, zur Bewegung der Blockfreien Staaten und zur Bildung von NGOs und Bürgerbewegungen.

Dieser zeitgeschichtliche Hintergrund und Wandel ist insofern aufschlussreich, als das aktuelle Interesse am Planetarium als Ort für zeitgenössische Kunst in der Arbeit Stan VanDerBeeks ein symptomatisches Vorspiel besitzt. Mitte der 1960er Jahre war VanDerBeek zwei Jahre Mitarbeiter am MIT in Cambridge und entdeckte hier die neuen Möglichkeiten der Computertechnologie und Telekommunikation für seine Arbeit als Künstler. Gemeinsam mit dem für die Bell Laboratories arbeitenden Computergrafikpionier Kenneth Knowlton entwickelte VanDerBeek die computeranimierte Serie *Poem Fields*. Einem Lehrvideo von 1964 über seine Visionen der digitalen Technik gab er, gut zehn Jahre vor der Gründung von Microsoft und Apple, den wegweisenden Titel *The Computer-Generation*. VanDerBeeks neue Medienkunst, die auf kybernetischen Technologien beruhte, schuf nicht nur generative Werke, sondern mit dem *Movie-Drome* auch eine neue Art von Display und Erlebnissituation. Was ,Kunst' innerhalb dieser von der Industrie und den Universitäten vorangetriebenen Entwicklungen war, war eine bloße, befreiende und inspirierende Behauptung – ohne Marktbeweis oder Expert*innensegen. Alles ereignete sich in dem Verwerfungsraum zwischen den neuen technologischen Möglichkeiten und dem Spiel mit dem ästhetischen Erbe. Eine der ersten Ausstellungen, die auch die computergenerierten Arbeiten von VanDerBeeks künstlerischem Partner Kenneth Knowlton präsentierte, trug den visionären Titel *The Machine as Seen at the End of the Mechanical Age*. Sie wurde im Museum of Modern Art in New York City im November 1968 eröffnet und zeigte nicht nur ein neues Verständnis von der Maschine am Ende des mechanisch empfundenen Zeitalters an, sondern auch einen Weltbildrutsch.

Ein neues Zeitalter wurde spürbar – und das im wahrsten Sinne. Mitte der 1960er Jahre wurden erstmals Bilder am Computer generiert, die einen anderen Raum eröffneten. Es waren Bildräume, die reaktiv und modulierbar waren; plötzlich ent-

1 Sven Messerschmidt, „Movie-Drome (Stan VanDerBeek)", in: Boris Goesl, Hans-Christian von Herrmann, Kohei Suzuki (Hg.), *Zum Planetarium. Wissensgeschichtliche Studien*, Fink/Brill, Leiden u.a. 2018, S.265–275, hier S.256.

2 Jürgen Claus, „Stan VanDerBeek: An Early Space Art Pioneer", in: *Leonardo*, 36:3, 2003, S.229.

3 Messerschmidt, wie Anm. 1, S.256.

4 Siehe Gloria Sutton, *The Experience Machine. Stan VanDerBeek's Movie-Drome and Expanded Cinema*, MIT Press, Cambridge, Mass./ London 2015, S.1.

5 Messerschmidt, wie Anm. 1, S.256.

6 Siehe David McConville, „Das Universum domestizieren", in: Goesl u.a., S. 229-253, hier S. 235 ff.

7 Messerschmidt, wie Anm. 1, S. 257.

wickelten sie eine zeitliche Dimension und wurden nicht mehr nur betrachtet, sondern auch betreten. Allan Kaprow hat dies in seine berühmte Formel „Go in instead of look at" gefasst – ein Slogan für jenen Wandel, der an die Stelle des fertigen und geschlossenen Objekts die Idee des Prozesses und der Interaktion setzt. In dieser gedanklichen Linie bewegte sich auch der Spezialeffekte-Künstler Fred Waller, der als einer der ersten an technischen Methoden arbeitete, um das von ihm als wesentlich erkannte panoramatische Sehen des Menschen im Kino mit einer Wahrnehmungssituation zu verbinden, die dem weiten menschlichen Sehfeld möglichst nahe kam. Aus diesen Bemühungen entstand das bis heute verwendete Cinerama-Format der Produktion und Projektion von Filmbildern, die auf einer gekrümmten Leinwand gezeigt werden und eine als besonders plastisch empfundene Wirklichkeit zeigen.

Fred Waller wirkte bereits 1939 für die Weltausstellung in New York am *Theater of Time and Space* der Firma Longines mit, die eine hohe, vertikal gewölbte Leinwand bespielte, deren Ränder, wie David McConville beschreibt, fließend in die Wände und auf den Fußboden übergingen. Später gründete Waller die Cinerama Camera Corporation, die auch eine 360-Grad-Bespielung in einem Kuppeltheater ermöglichte, wie sie auf der großen Weltausstellung 1962 in Seattle zu sehen war. Auf Grundlage dieser Technologie entstand dort im Boeing Spacearium Theatre der Film *Journey to the Stars*, dessen Spezialeffekte derart beeindruckend waren, dass Stanley Kubrick ihre Schöpfer von der Firma Graphic Films damit beauftragte, mit ihm den Film *2001: A Space Odyssey* vorzubereiten.[6]

Planetarien waren damals – und sind es auch heute noch – Orte der Hochtechnologie. Mit dem technologischen Wandel ihrer Projektionstechnik vollzog sich in ihnen auch ein fühlbar werdender Wechsel des an diesem Ort demonstrierten Weltbildes. War es zunächst geozentristisch, zeigte also den Kosmos immer aus der Sicht der Erde, so erlaubte es die spätere Projektionstechnik, den Blickpunkt virtuell in jeden Teil des Universums zu verschieben und das Planetarium so zur beweglichen Reisekapsel zu machen.

8 Siehe Sutton, wie Anm. 4, S. 10 ff.

9 Tim Florian Horn, „Fulldome-Projektion in Planetarien und/ oder Wissenschaftskommunikation im Planetarium", in: Goesl u.a., S. 260-264, hier S. 262.

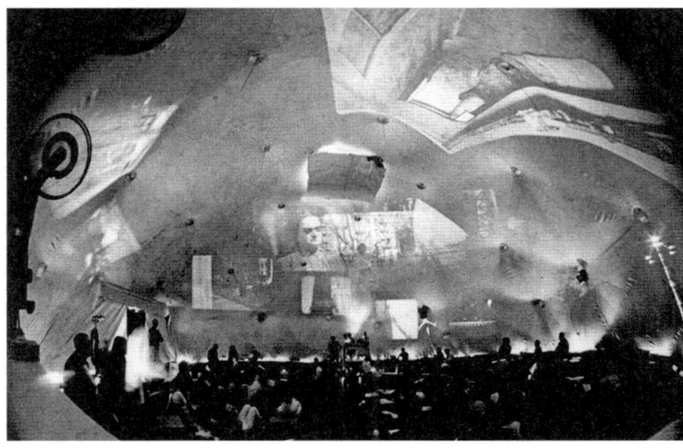

Nach seinen Experimenten im *Movie-Drome* und seinen Erfahrungen mit den generativen Möglichkeiten der frühen Computertechnologie am MIT wandte sich Stan VanDerBeek dem Planetarium zu, um dort mit den modernen Projektionstechniken sein Projekt *CineDreams: Cinema of Mind* zu realisieren. Interessanterweise ging es

ihm an diesem Ort nicht um Reisen in den interstellaren Raum, sondern ins Innere des menschlichen Gehirns. Wie Sven Messerschmidt schreibt, war er im Planetarium „der ‚Grammatik der Träume' auf der Spur"[7], deren Erforschung einen Raum brauchte, in dem Menschen gemeinsam unter dem Einfluss sie umgebender Bilder stehen, sie auf sich wirken lassen und in sie schauend und träumend eintauchen.

Das Werk und die Konzepte von VanDerBeek veränderten sich in unterschiedlichen Etappen und Ebenen und bereiteten unser heutiges, von digitalen Technologien geprägtes Verständnis vom Werk und von Institutionen vor, ebenso die neuen Erlebnisformen zeitgenössischer Kunst, die oft partizipativ sind und temporäre Gemeinschaften bilden. VanDerBeek produzierte als Künstler weniger ein Produkt als eine Situation: Das Werk des *Movie-Dromes* war ständig im Fluss, und was sollte ein*e Galerist*in davon verkaufen? Das Werk war vielmehr, so würden wir heute sagen, ein soziales Netzwerk – der zwischen verschiedenen *Movie-Dromes* fließende Strom an Bildern, Feedbacks und neuen Einspeisungen von Satelliten und anderen Teilnehmer*innen. Ohne diese Vernetzung und diesen Fluss an generativen Ereignissen wäre das Environment nur eine Ballung toter Technik. Erst das multimediale, sich im Augenblick konkretisierende und umformende Werk gibt dieser Infrastruktur Sinn. Die *Movie-Dromes* waren, in der Formulierung von Gloria Sutton, „Experience machines"[8] und standen am Anfang eines Zeitalters, das nicht mehr Dominanz, Distanz und Hierarchien betont, sondern, zumindest in den Visionen der Erfinder*innen und Künstler*innen, durch Feedback, Transparenz und ein Prozessieren in Echtzeit bestimmt sein sollte.

Das Planetarium wurde nach seiner Metamorphose zum digitalen Fulldome für viele Künstler*innen ein hochattraktiver Ort, um mit den Technologien des 21. Jahrhunderts zu experimentieren. Aber auch die Formen der pädagogischen Wissensvermittlung veränderten sich mit den technologischen Entwicklungen innerhalb des Planetariums und wurden längst nicht mehr durch die klassische Vorstellung einer einseitigen Präsentation geprägt. Denn durch die interaktiven Möglichkeiten der digitalen Technik und die zwischen Technik und Publikum vermittelnde Rolle des Live-Operators wird das Planetarium, so der Medienproduzent und Direktor des Zeiss-Großplanetariums in Berlin Tim Florian Horn, heute zum „decision theatre" und öffnet sich somit auch neuen Unterhaltungsformen und künstlerischen Präsentationen.[9]

Paradoxe Orte

Planetarien sind zwei Räume in einem – ein architektonischer und ein gedanklicher, der im wahrsten Sinne ein Weltbild darstellt. So objektiv und selbstverständlich, wie dieser gedankliche Raum in den Modellpräsentationen des Planetariums wirkt, ist er jedoch nicht: David McConville hat auf die Unmöglichkeit hingewiesen, eine solche objek-

10 Siehe McConville, wie Anm. 6, S.250.

11 Horn, wie Anm. 9, S.261.

tive Perspektive auf den Kosmos einzunehmen, da die Ergebnisse der Vermessung des Alls stets von der Perspektive der*des Beobachter*in abhingen.[10] Die Projektionen des Planetariums beruhen zudem auf digitalen Sternenkartografien, die keineswegs kohärent sind. Genauso widersprüchlich ist die Architektur, denn sie schafft einen Bau, dessen wichtigste Aufgabe es ist, im Auge des Betrachtenden zu verschwinden. Von „Immersion" spricht Tim Florian Horn, wenn durch die richtigen Inhalte und Themen der Darstellungen im Planetarium das „Auflösen der Kuppel"[11] erreicht wird. Kaum ein anderes Gebäude folgt dieser Logik so radikal. Planetarien bringen sich, mehr noch als die traditionellen Guckkastentheater, im Erleben der sie Besuchenden selber zum Verschwinden – ihr Hauptzweck ist, nicht selbst da zu sein, sondern eine andere Welt, in diesem Fall das Weltall, oder andere ‚Welten' wie das Innere von Organismen oder Geosphären anwesend zu machen.

Wer also in ein Planetarium hineingeht, geht im Grunde hinaus in etwas anderes: den Kosmos oder das Offene eines intuitiv erfassbaren Systems. Planetarien schaffen ein Innen, das ein Außen ist. Denn die Wölbung der Domkuppel, die massiv aus Beton oder, bei mobilen Fulldome-Konstruktionen, aus mehreren Schichten dünner Folie gefertigt wurde, verwandelt sich in dieser künstlich erschaffenen Nacht zu einer Membran – die Dunkelheit des Kuppelraumes wird zum Schwarz des Weltalls, in dem Myriaden Sterne funkeln und die Betrachtenden ins Freie führen.

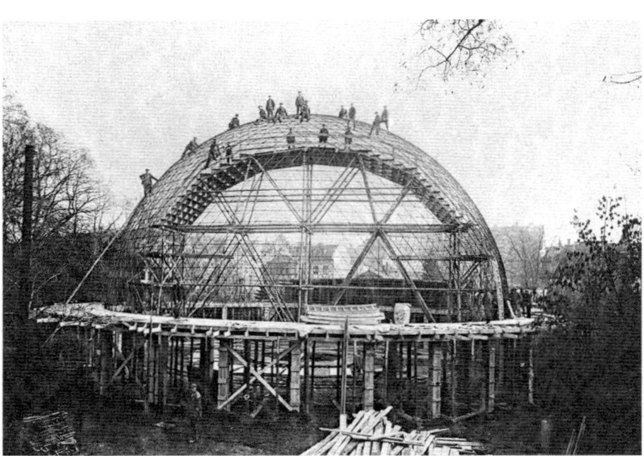

Dieser Vorgang ist so simpel wie magisch und macht das Planetarium zu einer Architektur der Entgrenzung, die sich mit Spiegelkabinetten, Labyrinthen oder Panoramen vergleichen lässt, wobei die Intensität der durch die im Planetarium stattfindenden Darstellungs- und Sehformen einen Grad an Immersion erreicht wie kein älteres Medium zuvor. Dabei sind Planetarien und ihre Vorläufer strukturell das Gegenteil der künstlichen Unendlichkeitsräume, die ein Außen oder eine Landschaft schaffen, die ein Drinnen ist, die also den Blick gefangen hält in der raffinierten Umgrenzung ihres künstlich geschaffenen und frei zu durchwandernden Areals, wie dies beispielsweise bei Englischen Gärten oder in Erlebnisparks der Fall ist.

Während jedes Gebäude dem offenen Raum der Welt einen abgegrenzten Ort abringt, der ein Hier und ein Dort schafft, ein Drinnen und ein Draußen, dienen im Planetarium die Mauern der Simulation der Grenzenlosigkeit, denn ‚durch' seine Mauern schauen wir ins All oder in andere Welten. 1923 wurde die Erfindung des modernen Planetariums durch die Firma Zeiss als das „Wunder von Jena" bezeichnet. In diesem mechanischen Gerät stand die Konstellation der Sterne und ihre Sicht von der Erde fest. In dem Sternentheater aus Jena kamen die Sterne zu den sie Betrachtenden. Mit der Erfindung der farbigen und digitalen Videoprojektion, die seit der Jahrtausendwende den gesamten Kuppelraum ausfüllen konnte, entstand ein Fulldome-Theater, in dem die Betrachter*innen zu den Sternen reisen konnten.

Zeitalter der Erfahrung

Während das Panorama ein Ort der Horizontale war, in dem der Blick gar nicht in die Höhe schweifen sollte, sondern nur in die Weite, sind Planetarien Orte der Vertikale. Für sie ist der Horizont eher ein Problem, denn der Blick darauf lenkt die Aufmerksamkeit immer auf die Übergangsstelle von zwei Räumen – dem Innenraum mit seinen Sesseln und Projektoren und jenem virtuellen Raum mit seiner unendlichen Ferne. Das Planetarium lenkt, zumindest in seinen Shows und didaktischen Vorführungen, den Blick daher zu Beginn fast immer von der Erde weg und führt ihn nach oben. Der Dom des Planetariums entwickelt durch diese vertikale Orientierung fast unfreiwillig eine spirituelle Dimension, die ihn bis heute mit den Kuppeln der Kathedralen verbindet. Planetarien sind, wie Kirchen, offen für alle. Sie vermitteln spürbar Präsenz von etwas Anderem – im Planetarium wird dies oft als kosmische Erfahrung erlebt, als eine Begegnung mit der Unendlichkeit des Raums, aber auch des Lebens oder mit der Endlichkeit der eigenen Existenz.

Zu Beginn einer Vorführung, die ich im Samuel Oschin Planetarium im Griffith Observatorium in L.A. gesehen habe, empfahl der Operator dem Publikum, im Falle von Schwindelgefühlen einfach kurz die Augen zu schließen. Denn sobald sich die Bilder im enormen Sehfeld des Planetariums bewegen, empfinden die Betrachter*innen eben nicht diese Bewegung, vielmehr scheint sich der Boden unter ihren Füßen zu drehen. Dieser physiologisch sehr reale Effekt erinnert daran, dass im Planetarium die Welt nur ‚als ob' erlebt wird. Dieses ‚als ob' ist allerdings so erfahrungsecht wie nirgends sonst in der Welt des vorgespielten Lebens. Die sinnliche Erfahrung, im Bild ‚drinnen' zu sein, führt zum Vergessen des Planetariums als Medium. Dieser immersive Effekt macht den Bildraum zur Bildwelt – selbst abstrakte Geometrien und rhythmische Ordnungen, die ein dynamisches System bilden wie die visuellen und narrativen Kompositionen von David OReilly, wirken hier real und plastisch.

Das Planetarium ist ein Schwellenort – hier ereignet sich das Eintauchen ins Virtuelle, das zur fühlbaren Umwelt wird. Das war, wenn man die Musik Wagners einmal ausblendet, nicht eben typisch für das Zeitalter der Mechanik, aus deren Dialektik und illusionsloser Gabe zur Feststellung es hervorging. Aber mit dem Planetarium schuf sich diese Epoche ein magisches Instrument, das sie ins Zeitalter der Erfahrung hinüberführte. In ihm dominieren nicht mehr die Kategorien von wahr und falsch, real und künstlich, denn das Prinzip der Gegenüberstellung selbst tritt in den Hintergrund angesichts des Verlangens, ständig Rückmeldung zu bekommen oder zu geben und sich in einem Fluss gleichwertiger Optionen den eigenen Weg zu bahnen. Natürlich hat das Planetarium als Ort heute noch immer einen wissenschaftlichen Charakter, aber Astronomie soll hier zum intuitiven Wissen werden. Denn im Planetarium wird – auf exemplarische Weise – die Situation zur Erfahrung. „Nur über die Immersion in der Kuppel ergeben sich zeitliche und räumliche Zusammenhänge, die bei einer Präsentation auf dem Papier oder Monitor verloren gehen."[12]

Die Erfindung der Planetarien verlief parallel mit der Erfindung des Kinos, der ersten Tonaufzeichnungen und der Telegrafie – sie alle relativierten die Erfahrung von Raum und Zeit auf spürbare Weise. Die Sternenbilder, wie sie vom Planetarium gezeigt werden, sind im Vergleich zu den Lichtspielen des Kinos jedoch nicht fiktiv, gleichwohl aber fiktional – gemäß der Unterscheidung von Irina O. Rajewsky und Anne Enderwitz, wonach „‚fiktiv / Fiktivität' eine Eigenschaft des Dargestellten (Figuren, Orte usw.) meint, während ‚fiktional / Fiktionalität' auf eine Eigenschaft der Darstellung zielt".[13]

Die Relativität der wissenschaftlichen Modelle, wie sie von Planetarien visualisiert werden, mag ein Grenzfall dessen sein, was man als fiktiv bezeichnen möchte. Fiktional ist die Situation jedoch ganz sicher, denn wir erleben sie immer als ‚Erzählung' einer Realität bei Nacht, die wir am Tage sehen oder zu einer anderen Zeit oder an einem anderen Ort, so ‚wirklich' ihr Inhalt auch sei. Spezifisch und interessant wird diese fiktionale Welt aber, weil es im Planetarium so ist, ‚als ob' man nicht im Planetarium sei. Es fühlt sich vielmehr so an, als wäre man unter wolkenlosem Himmel irgendwo auf hoher See oder in der Wüste, wo unzählige Sterne bis zum Horizont herableuchten. Das Glauben-Machen, dass im Planetarium wirklich die Sterne zu sehen sind und nicht Lichtpunkte aus einem Projektor oder Glimmpunkte einer LED-Fläche, hat mit der mimetischen Perfektion dieser Darstellungsmaschine zu tun, aber auch mit der unmittelbar abgerufenen Tiefenerinnerung an diese Eindrücke aus der echten Natur. Denn Kunstwerke funktionieren, schreibt Kendall Walton, als „props in games of make-believe".[14] Was uns glauben macht, dass wir im Planetarium die Sterne sehen, ist nicht nur die scheinbare Objektivität der Apparatur, sondern auch die gesellschaftlich geprägte Konvention, Planetarien und ihre Vorstellungen als wissenschaftlich glaubwürdige Darstellungsformen der Wirklichkeit des Weltalls zu verstehen.

Anders als in jedem anderen Bildformat – auf Abbildungen in Büchern, Fotos oder Filmen – ist dieser Eindruck im Planetarium allerdings nicht gerahmt, sondern füllt hier das gesamte Sehfeld aus. Selbst eine VR-Brille zeigt immer nur einen vergleichsweise kleinen Ausschnitt, auch wenn dieser, der individuellen Neugier folgend, den kompletten Raum abwandern kann. Im Planetarium dagegen ist der gesamte Bildraum im Augenblick da; rund um die*den Betrachter*in und durch die sich nach oben schließende Kuppel zerfallen die Bildsektoren auch nicht in einen Fries, sondern wölben sich zu einer Ganzweltschale. Der Ankerpunkt in diesem grenzenlosen Raum ist die Stimme der Sternenführer*innen, die in die Unendlichkeit des Dargestellten so etwas wie eine Narration einführen – also den Faktor der Zeit.

Diese Technologie, das Gegenteil des üblichen Lochsehens nach dem Prinzip der Camera obscura, besteht seit kaum 100 Jahren. Sie ist eine Spitzentechnologie, was das nahtfreie Aneinanderfügen bewegter Bilder zum Raumbild betrifft, begleitet von einem hochentwickelten Raumklang. Jede VR-Brille, die auf ähnlicher Technik basiert, vereinzelt die Spieler*innen oder Betrachter*innen, im Planetarium hingegen sitzen alle gemeinsam wie im Theater oder Kino. Und in dieser frühen Phase einer ästhetischen Nutzung des traditionellen Lernorts ist hier alles noch offen – künstlerisch wie auch technisch. Das verleiht der Arbeit der Künstler*innen eine große Freiheit, macht sie aber auch sehr herausfordernd. Weder gibt es hier Kritiker*innen noch Klassiker noch überhaupt ein Organon, wie etwas am besten zu realisieren sei. Im Weltall gibt es zum Beispiel keinen Horizont, weder einen räumlichen Anfang noch ein räumliches Ende – all das stellt die Bildproduktion in andere Koordinaten. Wie und wohin bewegt man sich in diesem offenen Raum? Das Vorher und Nachher hat hier schier unbegreifliche Dimensionen. Das dunkle Weltall ist in diesem Kuppelbau zudem nicht nur ein realistisches Abbild des Kosmos, sondern die meisten Besucher*innen empfinden hier seine Realität. Dabei liegt der Horizont im Planetarium gewissermaßen immer auf der Ebene unserer Füße, und jede Bewegung, die sich auf der Bildfläche rund um uns und über uns vollzieht, wird als die des eigenen Körpers empfunden: Im Planetarium drehen wir uns scheinbar selbst im Raum, wenn das Bild sich um seine vertikale Achse dreht, und dabei fluten uns die Bilder entgegen.

Da diese Bilder nicht gerahmt sind, zeigen sie auf dem riesigen Display des Planetariums auch weniger Objekte als Beziehungen zwischen Objekten – so wie sie nicht einzelne Sterne zeigen, sondern Sternensysteme. Planetarien sind Orte eines ökologischen Sehens, das immer das Mitsehen von Einbettungen bedeutet, von Co-Ereignissen. Auch das schafft in diesem Raum eine besondere Form des Erzählens, eine weniger klassische Narration als ein Erzählen in Kreisläufen und Spiegelungen, in formalen Verläufen und magischen Verwandlungen.

Menschen, die aus dem Erlebnis von Kunstwerken im Fulldome wieder zurück in die ‚Realwelt' kommen, lächeln oft. Denn sie haben fast unbemerkt eine intensive Erfahrung mit der vertikalen Dimension des Lebens gemacht – der Erfahrung von Unendlichkeit, von Einbezogenheit und etwas offenbar Freundlichem. Ein Dom führt den Blick in die Höhe und verwandelt das Sehen –

12 Ebd.

13 Anne Enderwitz, Irina O. Rajewsky, „Einleitung", in: dies. (Hg.), *Fiktion im Vergleich der Künste und Medien*, De Gruyter, Berlin/ Boston 2016, S. 1–18, hier S. 1.

14 Frank Zipfel, „Ein institutionelles Konzept der Fiktion", in: ebd., S. 19–44, hier S. 21.

ähnlich wie beim Laufen im Wald entsteht ein ‚Tableau-Sehen', das nicht fokussiert, sondern großflächig auf Empfang ist. Wie auf einer großen Wasserfläche, auf der Tausende kleiner Wellen das Licht ständig anders brechen und funkeln lassen, sieht man hier nicht das Glitzern einer einzelnen Stelle, sondern die flimmernden Reflexe der gesamten Fläche. Planetarien sind keine Orte der Agitation oder Repräsentation, sondern Aurazentren. Sie sind Erfahrungsmaschinen.

Warum jetzt?

In Planetarien – wie in immersiven Situationen überhaupt – geht es nicht darum, wie lange etwas dauert, sondern welche Tiefe es erreicht. Tiefe auch im metaphorischen, gefühlten Sinne. Ein 3D-Objekt, wie es Planetarien zeigen können, ist nicht nur das Bild in einem Film, sondern es ist eine virtuelle Skulptur, die uns eine physische Qualität vermittelt. Die gefaltete, ins Räumliche gesenkte oder geliftete ‚Haut' der Körper *bildet* den Raum – sie ist die ihn schließende, einfassende Membran. Während man mit der Oberfläche sonst nur die buchstäbliche Flachheit einer Erscheinung meint, ermöglicht sie im Hinblick auf die Skulptur unseren Kontakt mit der Tiefe und dem ‚Dahinter'.

Im Planetarium wird alles eine Frage der Tiefe. Sogar die Zweidimensionalität des Bildes kann, auch ohne 3D-Technologie, durch die Wölbung der Projektionsfläche des Doms und die enorme Bildgröße zur dreidimensionalen Erfahrung werden. Die Erscheinungsform des Bildes, das hier aus der Höhe oder Ferne oder vom Horizont auf uns Sehende zuwächst, erschafft in jedem Fall die Empfindung der Weite und einer Bildumgebung, die oftmals plastisch wirkt und über die ‚getrickste' Perspektive der normalen Zeichnung und Malerei weit hinausgeht.

Bislang sind Planetarien Orte einer immersiven Wissensvermittlung und Unterhaltung. Ihre digitale Sound- und Bildtechnik ist hoch entwickelt, und sie bieten den größten Bildraum der Welt. In Zeiten, da Teenager die Verletzbarkeit des Systems Erde kennen und in diesem Wissen ein planetarisches Bewusstsein entwickeln, weil es um ihr Überleben geht, werden Planetarien plötzlich Erlebnisorte, die nicht mehr nur mit Schule und Entertainment verbunden werden, sondern zu Orten für die Erfahrung des Einbezogenseins und eines buchstäblich anderen Sehens werden können. Und wenn Immersion gemeinhin mit einem Verlust an Distanz und Reflexion verbunden wird, so wäre die Frage, ob dieser Umstand nicht genutzt werden kann, um eine *andere* Form von Wissen zu vermitteln, die systemisch und ganzheitlich ist.

Bruno Latour hat in seinem *Terrestrischen Manifest* auf den Biochemiker James Lovelock hingewiesen, dem zufolge „die Lebewesen auf der Erde wie Agentien bzw. Akteure betrachtet werden sollen, die an den Entstehungsprozessen der chemischen und teilweise sogar geologischen Bedingungen des Planeten voll beteiligt sind."[15] Lovelock hat diese systemische Sicht bereits in den 1960er Jahren, parallel zu den Forschungen von VanDerBeek, durch ein eigens entwickeltes Computermodell simuliert, das auf dem Höhepunkt des Kalten Krieges die Erde nicht mehr in Blöcke spaltete, sondern selbst als etwas Lebendiges sah. Wo ließe sich eine solche planetarische Sicht, wie sie von Greta Thunbergs oder Rezos Generation intuitiv eingenommen wird, als eine Haltung besser einnehmen als im Planetarium, das unser System Erde eingebettet zeigt in stellare, klimatische und menschengemachte Konstellationen? Diese geo-soziale Perspektive prägt auch die Philosophin Rosi Braidotti bei ihrer Suche nach einer neuen Panhumanität, die eng verbunden ist mit alternativen Figurationen für eine andere Verortung von Macht, von restriktiver Gewalt und stärkenden Kräften: „Figurationen wie das Feministische, das Womanistische, das Queere, der Cyborg oder das Diasporische sind indigene, nomadische Subjekte, genauso wie die Onkomaus und das Schaf Dolly keine bloßen Metaphern sind, sondern Wegweiser für bestimmte geopolitische und historische Verortungen. Sie sind Ausdruck komplexer Besonderheiten, nicht universeller Ansprüche."[16] Sie stellen das Subjekt als eine dynamische, nicht-einheitliche Entität dar und das in Räumen, die die alten Gegensätze überfließen – etwas, das das mechanische Zeitalter und seine *men of reason* hinüberführt in eine neue Erdverbundenheit und ein neues Klima-Regime.

In den letzten Jahren beginnen immer mehr Künstler*innen fürs Planetarium zu arbeiten – einen Ort, der wie kein anderer das Gefühl für ein fragiles Ganzes und seine vertikale Achse vermittelt. Die Regeln des Kunstmarktes gelten hier nicht, und was hier überhaupt ‚Kunst' ist, ist froherweise offen. Es gibt nur Nachbarschaften an diesem Ort, keine Hierarchie. So wie in den 1960er Jahren das Theater in die Studios und Werkhallen zog, besetzt heute eine junge Künstler*innengeneration das Planetarium. Sie sucht, wie Generationen vor ihr, Orte, an denen Kunst keine ‚Kunst' ist, sondern sich ihre eigenen Regeln und Maßstäbe gibt. Das luxuriöse Planetarium ist überraschenderweise solch ein abseitiger Ort geblieben. Die hier entstehenden Werke treten aus der üblichen Raumzuordnung heraus und funktionieren so weder auf dem Flatscreen noch unter der VR-Brille. Sie stehen in der Umgebung von Edutainment-Filmen, Imax-Krach und Sternenreisen. Völlig unterschiedliche Milieus begegnen sich hier, und wenn die sogenannten *fine arts* in diesen Raum drängen, so hat der Raum selbst zunächst eine Geschichte, die jede Art von Kunstanstrengung in ihm erst einmal zur Behauptung macht. Das schafft eine Freiheit, die an ‚höheren' Orten wie Galerien oder Museen so nicht mehr vorhanden ist.

Programmreihen wie *The New Infinity* interessieren sich nicht nur für die technisch hergestellte Unendlichkeit, sondern auch für den unendlichen und offenen Möglichkeitsraum des Planetariums. Es erzeugt keine Schwellenangst. Anders als Galerien und Museen werden Planetarien nicht mit Eliten und Luxus assoziiert. Hier ist nichts definiert – das Spiel beginnt gerade erst. Im Planetarium

15 Bruno Latour, *Das terrestrische Manifest*, Suhrkamp, Berlin 2018, S. 89.

16 Rosi Braidotti, *Posthumanismus, Leben jenseits des Menschen*, Campus, Köln 2014, S. 167.

erfährt man etwas gemeinschaftlich und nicht abgeschottet für sich. Wenn der Saal des Planetariums voll ist, entsteht eine besondere Energie: Andere reagieren anders, und das steckt an. Das Planetarium steht für neue Orte, es ist *beyond the street*, und die Möglichkeit, hier zu experimentieren, holt die Künstler*innen und ein neues Publikum an diesen Ort. Veranstaltungen wie das Fulldome Festival in Jena oder das MIRA Festival in Barcelona nutzen das Planetarium für Begegnungen ohne die Vorzeichen des Marktes.

Die Post-Internet-Generation wächst an der Schnittstelle zwischen Technologie und Kunst auf. Die neuen Technologien haben zum einen das gesellschaftliche Leben grundlegend verändert – Informationen sind überall und jederzeit verfügbar, über andere wie auch über mich selbst, in einem weltweiten Netzwerk aus Tracking- und Evaluationsstrukturen. Zum anderen hat die digitale Technologie aber auch die Kunst grundlegend verändert. VR, CGI und Games sind zu gleichberechtigten Komponenten des ‚kulturellen Schatzes' der Jetztzeit geworden und von gleichem Einfluss wie bildende Kunst, Theater, Kino oder Literatur.

Für eine jüngere Generation von Künstler*innen wie Cyprien Gaillard, Ed Atkins, Agnieszka Polska, Jon Rafman oder David OReilly sind diese digitalen Technologien der Ausgangspunkt ihrer Arbeit. Diese Generation wird es als natürlicher empfinden, Orte zu suchen, die offener für Experimente sind. Planetarien stehen an der Kreuzung dieser Entwicklung, die einerseits von der digitalen Hochtechnologie vorangetrieben wird, andererseits von dem Versuch, der kapitalistischen Logik, die zum Ding und Produkt führt, andere Ausdrucks- und Lebensformen entgegenzustellen. Auch aus dieser Sicht ist die vertikale Dimension der Planetarien von großer Anziehungskraft. Bei der immersiven Erfahrung wird hier zudem niemand getrackt und überwacht – auch das macht diesen Gemeinschaftsort immer attraktiver.

Für Künstler*innen sind Planetarien ein weltweites Neuland. Dabei ist diese globale Infrastruktur für sie hochattraktiv, denn ein Werk, das in einem Planetarium funktioniert, funktioniert in allen. Was bislang völlig fehlt, ist eine Sprache für die neue Ästhetik an diesem Ort. Die künstlerischen Arbeiten sind zwischen Film und Spiel angesiedelt – sie erscheinen einerseits als Fortsetzung der Tradition der visuellen Musik und des *expanded cinema* eines Stan VanDerBeek, andererseits beerben sie die große Geschichte der Raumklangexperimente von Pierre Boulez, Edgar Varèse bis Helmut Lachenmann, Pink Floyd oder Christina Kubisch. Wer aber als visuelle*r Künstler*in im Fulldome arbeitet, merkt, dass es keine fertige Sprache und standardisierte Technologie für dieses künstlerische Medium gibt: Wie sollen hier die Bewegung, der Blickpunkt und die Farbanordnung organisiert werden?

Dinge, die Maschinen lernen können, sind nicht die Zukunft der Wissenschaft. Vielmehr zeigt sie sich in der Kunst, in der Musik und im Sport – man muss heute Urteilsvermögen lernen, Fakten kann ich googlen. Die Rolle dessen, was in unserer Gesellschaft geschieht, kommt in den auf Faktenwissen orientierten Lehrplänen kaum mehr vor. Daher sind die Versuche, Planetarien als Orte des Querdenkens, der Verblüffung und Irritationen zu begreifen, sehr wertvoll und eine dringende Aufgabe. Wenn wir über das nachdenken, was Roboter und die KI nicht können, gelangen wir genau an jene Schnittstelle zwischen Technologie und Kunst, die gegenwärtig das Planetarium zu einem neuen Erfahrungsraum der Gegenwart macht. Dass es in ihm keinen Sweetspot gibt, keine Ausrichtung des Blicks des Publikums, macht diesen Erlebnisraum so metaphorisch – er lenkt den Blick aufs Ganze und experimentiert mit der Frage, wie ich es zeigen kann, wenn ich selbst ein Teil davon bin.

Thomas Oberender, Autor, Kurator und seit 2012 Intendant der Berliner Festspiele, leitet seit 2016 die interdisziplinäre Programmreihe Immersion. Er entwickelte zahlreiche neue kuratorische Formate und veröffentlicht regelmäßig Essays und Bücher zu ästhetischen und gesellschaftspolitischen Fragen, u.a. den Katalog zu Philippe Parrenos Ausstellung im Gropius Bau, der den Auftakt der vorliegenden Publikationsreihe im Verlag Walther König bildet.

Ein Gefühl vollkommener Körperlosigkeit

Interview mit David OReilly

2018 eröffnete die Programmreihe *The New Infinity* mit der Uraufführung von David OReillys *Eye of the Dream*. Diese erste Fulldome-Arbeit des Künstlers und Game Designers nimmt die Besucher*innen mit auf eine Reise vom Augenblick vor dem Urknall über die Entwicklung des Lebens bis hin zu unserer modernen Welt. Bis heute wird *Eye of the Dream* auf Festivals weltweit gezeigt. Ein Gespräch über die Kuppel als neues künstlerisches Medium, dessen Potenzial und Herausforderungen.

Eye of the Dream ist die erste Arbeit in unserer Programmreihe *The New Infinity. Neue Kunst für Planetarien*. Auch du hast dich als Künstler bei diesem Projekt erstmals auf den Kuppelraum eingelassen. Welche drei charakteristischen Eigenheiten dieses neuen Mediums sind dir in deinem Arbeitsprozess aufgefallen?

Das Erste, was einem auffällt, ist die schiere Größe. Kuppeln sind riesig und laut, und man muss ständig seinen Kopf hin und her drehen, um alles mitzubekommen. Die Kuppel beherrscht die Sinne weit mehr als eine Kinoleinwand und bringt einen dazu, sich den unmittelbaren Eindrücken zu überlassen. Man geht mehr mit dem Geschehen mit als vor jedem anderen Bildschirm, wo einen meist ein bequemeres, eher kritisch-distanziertes und kognitiv gesteuertes Wahrnehmungserlebnis erwartet.

Das Zweite ist der fehlende, oder besser: unsichtbare Rahmen. Wenn wir zur Kuppel aufschauen, sehen wir keine Ränder. So vieles in der Sprache des Films ergibt sich aus der Begrenzung des Bildes. Was bleibt davon noch übrig, wenn der Bildrahmen fehlt? Die Antwort auf diese Frage liegt nicht auf der Hand. Sie wird gerade erst gesucht und nur allmählich gefunden. Man wird sehen, dass sich jede Arbeit für den

Kuppelraum ihre eigenen ästhetischen Regeln gibt. Jedes Team probiert etwas Neues aus, denn noch gibt es keine Standards. Das Medium befindet sich in einem Stadium der Erforschung.

Und drittens hat dieses Medium erstaunlicherweise noch wenig Zulauf. Bevor ich mit der Arbeit an diesem Projekt begann, hatte ich noch nie eine Kuppelprojektion gesehen. Mir war bis dahin nicht klar, wie groß das Potenzial zum Erleben von Bildern und Klängen in diesem Raum ist. Wenn eine Show in der Kuppel funktioniert, kann einen das regelrecht in eine andere Welt versetzen.

Welche Möglichkeiten und Schwierigkeiten haben sich daraus für dich ergeben?

Ein Problem war, wie gesagt, dass ich keinen Bildrahmen zur Verfügung hatte. Das brachte mich auf die Idee, stattdessen die Mitte der Kuppel als visuellen Ankerpunkt zu nutzen und die ganze Arbeit als eine Erkundung radialer Symmetrie anzulegen. Ich sah darin eine Stärke des Mediums, die sich aus einer Beschränkung ergab. Ich wünschte mir eigentlich schon lange, diese Bildwelt der Symmetrien zu erkunden. Mir schien, dass sie genau dieser Geste eines Aufschauens entsprechen, das keinen Boden unter den Füßen und keinen Horizont hat und daher auch keinen Halt mehr an irgendetwas Senkrechtem oder an rechten Winkeln findet. Verglichen mit anderen Formaten ist eine Kuppelprojektion allerdings schwer zu testen. Man weiß nie genau, wie sich ein bestimmter Effekt anfühlen wird, bis man in der Kuppel sitzt und ihn selbst erlebt. VR kann ansatzweise eine Idee vom Ergebnis vermitteln. Aber es gibt nichts, was dem Sehen und Erleben in der Kuppel gleichkäme.

Ein anderes Problem ist, dass in der Kuppel mit äußerst spezieller und teurer technischer Ausrüstung gearbeitet wird, die trotzdem oder vielleicht gerade deshalb recht schwierig in der Handhabung ist. Daran scheiterten viele unserer Probeläufe. Alles ging hundertmal schief, bevor wir die beste Version für dieses Projekt ausgetüftelt hatten, die dann auch zuverlässig lief. Wie bei jeder neuen Form wird es einige Mühe kosten, bis man herausgefunden hat, wo ihre Grenzen sind und was sie leisten kann.

Für dich als Filmemacher und Spieledesigner sind weder 3D-Animation noch das Ausgestalten ganzer Systeme oder Welten neu. Worin siehst du die eigentlichen künstlerischen und technischen Herausforderungen der Kuppelleinwand, auf der Bilder so eindrücklich wirken wie in keinem anderen Medium?

Grundsätzlich ist es in der Kuppel so, dass jeder Fehler, jedes Zuviel an Bewegung oder jedes Ruckeln in Bild und Ton sofort auffällt und sehr stört. Eine so riesige Leinwand lässt nur wenig Spielraum für Missgeschicke. Daher muss man sich eine Arbeitsweise zurechtlegen, bei der all das nicht passiert. Die Kuppel ist eine übermächtige Leinwand. Man

muss das richtige Maß für jede Komponente finden – Ton, Bild, Musik. Alles muss in Bewegung bleiben, aber es darf sich weder zu schnell noch zu langsam bewegen. Das Publikum soll eine spannende Reise erleben, aber nicht seekrank werden oder sich überrumpelt fühlen.

Ein mehr technisches Problem, das die Gestaltungsmöglichkeiten deutlich einschränkt, ist die Lichtverschmutzung. Wenn so viele Projektoren sich gegenseitig überstrahlen, wird eine hellere Szene schnell zu grell. Grundsätzlich ist es deshalb sehr schwierig, in Kuppeln dunkle Farben oder gar Schwarz zu erzielen. Schwarz wird oft hellgrau, und Bilder müssen dann sehr kontrastreich sein, um sich trotzdem noch abzuheben. Man muss auch darauf achten, dass der Raum nicht zu lange hell bleibt.

Worin liegt für dich das Wesen dieses neuen Mediums?

Es kann besser als jedes andere Format ein Gefühl vollkommener Körperlosigkeit erzeugen – sogar besser als die virtuelle Realität. Und wenn wir den Film nutzen, um mit dem, was wir durch den Rahmen unseres Gesichtsfelds sehen, unser bewusstes Dasein zu vermitteln – dann könnten wir in der Kuppel vielleicht auch unser Unterbewusstsein, das weder Rand noch Rahmen hat, in Bilder und Töne übersetzen.

Du knüpfst mit *Eye of the Dream* an deine vorige Arbeit *Everything* an. So wie in diesem preisgekrönten Computerspiel die Spieler*innen ganz in einer Welt mit ihren eigenen Regeln aufgehen, tauchen wir in deiner Kuppelprojektion als Betrachter*innen tief in einen Kosmos ein. Das Eintauchen, Sichverlieren ist dennoch jedes Mal ein anderes. Wie würdest du die wesentlichen Unterschiede zwischen diesen beiden immersiven Medien und ihren Wirkungsweisen beschreiben?

Begriffe wie ‚immersiv‘ oder auch ‚interaktiv‘ werden meiner Ansicht nach zu undifferenziert verwendet. Zugleich können sie als Strichworte sehr nützlich sein, insofern macht die Frage Sinn. Zur interaktiven Welt der Spiele gehört eine Anlernphase, in der unser Körper bestimmte Muster der Einflussnahme auf das Geschehen einübt. In einer Kuppel läuft die Interaktion allein im Kopf und in den Gefühlen ab. Körper oder Kognition werden gar nicht in Anspruch genommen. Also kann der Geist weit schweifen. In Spielen dient die manuelle Beteiligung oft dazu, ein Ziel zu erreichen – ein Rätsel zu lösen oder einen Gegner zu töten. In der Kuppel interessiert man sich gar nicht für ein Ziel. Man kann ein Werk in der Kuppel ebenso genießen, wie man Gefallen am Beobachten der Sterne oder der Wolken findet. Als Vergnügen steht es ganz für sich. Die Freude daran kommt daher, dass man in dem Gesehenen Muster zu erkennen glaubt. Mich begeistert das Potenzial der Kuppel, diese Deutungsdimension zu erschließen.

Inwiefern hat dich die Besonderheit des Kuppelraums als Künstler geprägt?

Einerseits war das Projekt in der Durchführung so kompliziert, dass ich so etwas nie wieder in Angriff nehmen würde. Andererseits wurde sehr deutlich, wie wertvoll diese Erfahrung für das Publikum war. Die Reaktionen auf die Premiere in Berlin waren unglaublich, und auch das hat mich beeindruckt. Bisher habe ich meist Dinge erzeugt, die am Ende im Internet weiterleben. Hier habe ich nun zum ersten Mal etwas geschaffen, was man nur sehen kann, wenn man sich wirklich in die Welt hinauswagt. Das mitzuerleben war mir eine Anregung.

Beide genannten Arbeiten erzeugen Systeme und speisen sich aus einem großen Fundus an Objekten, den du in den letzten Jahren angelegt hast. Gibt es einen Punkt, an dem sich die von dir geschaffenen Welten verselbstständigen und das System die Führung übernimmt?

Ich habe immer wieder Arbeitsdateien veröffentlicht, und allen war in den Händen anderer ein wunderbares zweites Leben vergönnt. Das werde ich in diesem Fall auch machen – sie als Ressource öffentlich zur Verfügung stellen. Ich stelle mir vor, dass sie anderen nützlich sein können, besonders der lächerlich kleinen Schar unabhängiger 3D-Künstler*innen.

Ein neues Medium sphärischer Unendlichkeit

Michaela French

Auge, Betrachter*in, Himmel: Die Fulldome-Projektion von ihren Anfängen bis heute

An einem warmen und sonnigen Nachmittag Ende Mai sitze ich im Dunkeln und sehe hinauf in die Kuppel des ältesten erhaltenen Planetariums in Europa: Das Zeiss-Planetarium in Jena eröffnete im Juli 1926. Erbaut wurde es eigens zur Vorführung des Projektors *Modell II*, eines Wunderwerks analoger Projektionstechnik, das mit mehreren Objektiven Lichtpunkte an das Innere der halbkugelförmigen Ganzkuppel projizierte und so die Sternenhimmel der nördlichen und der südlichen Hemisphäre darstellte. Das komplizierte Gerät bescherte ein Himmelserlebnis auf Erden, das im frühen 20. Jahrhundert ein großes Publikum begeisterte. Für mich als Künstlerin, die den Ganzkuppelraum mit heutigen technischen Mitteln bespielt, ist die Reise nach Jena eine Art Pilgerfahrt – eine Rückkehr zum Ursprung des heutigen Fulldome-Multimedia-Erlebnisses. Hier an diesem geschichtsträchtigen Ort trete ich in die Fußstapfen von Bauhauskünstler*innen wie Walter Gropius, Wassily Kandinsky und Paul Klee, die das Jenaer Planetarium in den Jahren nach seiner Eröffnung besuchten. An seine relativ bescheidenen, aber wegbereitenden Anfänge knüpfen seither Generationen von Astronom*innen, Ingenieur*innen, Künstler*innen und Gestalter*innen an, um die Rundum-Projektion im Ganzkuppelformat als Raum für Wissensvermittlung, zum Erzählen von Geschichten oder zum Erkunden der Stellung des Menschen im Kosmos zu nutzen.

1 Siehe David McConville, *On the Evolution of the Heavenly Spheres*, unveröffentlichte Dissertation, Plymouth University 2014, S. 17.

2 Siehe ebd., S. 41.

3 Tim Ingold, „Globes and Spheres", in: ders., *The Perception of the Environment*, Routledge, London 2000, S. 216.

4 David McConville, „Cosmological Cinema: Pedagogy, Propaganda, and Perturbation in Early Dome Theaters", in: *Technoetic Arts*, 5:2, 2007, S. 69–85, hier S. 69.

5 Nick Lambert, „Domes and Creativity: A Historical Exploration", in: *Digital Creativity*, 23:1, 2012, S. 5–29, hier S. 11.

6 Ingold, wie Anm. 3, S. 216.

7 Siehe ebd.

8 Siehe Lambert, wie Anm. 5, S. 16–22.

9 Siehe ebd., S. 22.

10 Oliver Grau, *Virtual Art: From Illusion to Immersion*, MIT Press, Cambridge, Mass 2003, S. 5.

11 Siehe Cindy Keefer, „Cindy Keefer on Jordan Beson, Cosmic Cinema, and the San Francisco Museum of Art", in: *MOMA Open Space 2010*, https:// openspace.sfroma.org/ 2010/10/jordan-belson/, letzter Abruf 10.7.2019.

12 Siehe Lambert, wie Anm. 5, S. 26.

13 Siehe Jürgen Claus, „Stan VanDerBeek: An Early Space Art Pionieer", in: *Leonardo*, 36:3, 2003, S. 229.

14 John Durniak, *The VanDerBeek Dimension*, 1970, S. 80, zit. in Lambert, wie Anm. 5, S. 27.

15 Lambert, wie Anm. 5, S. 26.

16 Ebd., S. 27.

Eine historische Erkundung der Ursprünge der heutigen digitalen Ganzkuppelprojektion führt also auf direktem Weg zurück zum ersten Planetarium der Welt. Doch die besondere Beziehung des Menschen zur Kuppel als Bildträger und Bauform ist viel älter, nämlich so alt wie unsere Beobachtung des Himmels. Als Archetyp der Himmelssphäre und vorherrschende bildliche Vorstellung vom Universum[1] steht die Kuppel in einem direkten, unlösbaren Zusammenhang mit der Kugelform des menschlichen Auges, der Krümmung der Netzhaut und unserem nach allen Seiten bogenförmig begrenzten Gesichtsfeld.[2] Dementsprechend sind Metaphern wie das Himmelsgewölbe oder die Himmelskugel in die Bauform der Kuppel eingegangen, von der der Anthropologe Tim Ingold sagt, sie habe eine „kosmische Resonanz, die fast überall auf der Welt empfunden wird".[3] Man kann die Kuppel auch als betrachterzentrische Interpretation einer Kugelgestalt der Welt auffassen, die „weltweit ihren architektonischen Ausdruck gefunden hat"[4] – einem „tief verwurzelten Bedürfnis des Menschen nach einer Bauform entsprechend, die den Kosmos in sich aufnimmt".[5] Die Kuppel präsentiert sich außerdem als „Sphäre von innen und Erdkugel von außen".[6] Sie vergegenständlicht somit eine Dialektik zwischen Sichversenken und objektivierender Beherrschung sowie eine Polarität zwischen menschlichem Eingreifen ins Weltgeschehen und der Absonderung von ihm.[7] Auch die systemische gegenseitige Bedingtheit von erdgebundener*m Beobachter*in und umkreisender Himmelssphäre bildet sich darin ab.

Die Entstehung des Medium Fulldome

Die enge Verbindung zwischen unserer Physiologie, unserer visuellen Wahrnehmung und der Symbolisierung der Welt als Sphäre kommt auch in der Nutzung der Kuppel als Bildraum zur Geltung.[8] Schon an den rituellen Räumen vorgeschichtlicher Höhlenmalereien und Grabkammern, an den mit Kosmos- und Himmelsmotiven dekorierten Kuppelgewölben römischer Tempel, an den komplexen Geometrien der islamischen Architektur und an christlichen Kirchenbauten seit der Renaissance lässt sich eine künstlerische, forschende Beziehung der Menschen zum Kosmos ablesen. Die theologischen und politischen Symbolgehalte dieser Räume gehen in ihrer Komplexität über das hinaus, was in diesem Text behandelt werden kann. Wesentlich ist, dass die Kuppel als Bauwerk eine Umgebung bildet, in der Auseinandersetzungen mit individuellen, mit kulturellen und mit universellen Themen traditionell ineinander übergehen.

Die zeitgenössische Ganzkuppelprojektion steht aber nicht nur in einer kulturgeschichtlichen, sondern auch in einer technischen Tradition des illusionären Bilderschaffens. Aus älteren immersiven Raumillusionen wie Fresken, Dioramen, Panoramen und Panoptiken[9] sind die Großbildleinwände, inszenierten virtuellen Realitäten und immersiven Raumprojektionen unserer Zeit geworden. Oliver Grau bemerkt, dass „in jedem Zeitalter außerordentliche Anstrengungen unternommen wurden, mit den jeweils verfügbaren Mitteln die größtmögliche Illusionswirkung zu erzielen".[10] In diesem Sinne kann man das Medium Fulldome als ein Ausreizen aller in unserer Zeit zur Verfügung stehenden illusionstechnischen Möglichkeiten verstehen.

Die Entwicklung der Ganzkuppelprojektion von den ersten Zeiss-Sternenprojektoren bis zum hochauflösenden digitalen Video in heutigen Fulldome-Sälen folgte dem Verlauf des medien- und gerätetechnischen Fortschritts ebenso wie dem der künstlerischen Entdeckungen. Vielleicht stellten sich schon die Künstler*innen des Bauhauses Ende der 1920er Jahre vor, dass ihre Malerei eines Tages im Jenaer Planetarium das Innere der Kuppel bespielen würde. Doch es sollte noch weitere dreißig Jahre dauern, bis sich solche Visionen verwirklichen ließen. Die Aussicht auf ein vollkommen einhüllendes Filmerlebnis, in das man sich versenken kann, spornte jedenfalls zahlreiche Pionier*innen, Filmemacher*innen, Wissenschaftler*innen, Techniker*innen, Tüftler*innen und Visionär*innen dazu an, die Kuppel als Bildraum und randlos-endlose Leinwand mit künstlerischen und technischen Mitteln weiterzuentwickeln.

1957 initiierte der amerikanische Experimentalfilmer Jordan Belson gemeinsam mit dem Klangkünstler Henry Jacobs die Reihe der *Vortex Concerts* am Morrison Planetarium der California Academy of Science. Mehrere analoge Projektoren zeigten einander überlagernde, abstrakte Muster, visuelle Effekte und kosmische Bilder aus Belsons Experimentalfilmen zu elektronischer Musik von Avantgarde-Komponisten, die Jacobs ausgewählt und zusammengestellt hat.[11] Belson sprengte die Konvention des rechteckigen Filmbilds, um im Inneren der Kuppel ein Eintauchen in ‚Bildmusik' zu ermöglichen. Die *Vortex Concerts* fanden bis 1960 statt. Ihr Ruhm und ihr Erbe waren späteren Künstler*innen und Techniker*innen eine Anregung, die künstlerisch-experimentelle Nutzung der Ganzkuppelprojektion weiterzuführen.[12]

Das *Movie-Drome* war ein derartiger Versuch, in der Kuppel ein immersives Filmerlebnis zu erzeugen. Es wurde in den 1960er Jahren vom amerikanischen Filmkünstler Stan VanDerBeek entworfen und gebaut.[13] VanDerBeek verwirklichte seine Vision mithilfe einer Sammlung ausgemusterter Projektoren, optischer Geräte und allerhand Tontechnik als eine vielfach überblendete Wiederverwertung von Film- und Videoaufnahmen sowie frühen Computergrafiken. Der Künstler verstand seine Apparate als „Verstärker des menschlichen Vorstellungsvermögens".[14] Er entwickelte das *Movie-Drome*, um „die Tyrannei des einäugigen Sehens auf dem Bildschirm" zu stürzen.[15] Die Betrachter*innen sollten in seine Umgebung aus mehreren gleichzeitigen Projektionen eintauchen wie in einen „medialen Nimbus rund um ihre Köpfe".[16] Was sich VanDerBeek davon ausgehend als eine zukünftige Vernetzung von Kuppelkinos vorstellte, in denen man spontan Zugriff auf Bildmaterial haben würde und das Publikum an dessen Auswahl direkt beteiligen könnte, das ist heute bereits technisch machbar.

17 Sebastian Schumacher, „All You Can E.A.T.", in: *Uncube Magazine*, Juli 2014.

18 Lambert, wie Anm. 5, S. 26.

19 Donna Cox u. a., „Digital Domes: Theaters Without Borders", in: *ACM SIGGRAPH 2015 Panels, SIGGRAPH '15*, New York 2015.

20 Siehe Nick Lambert, Mike Phillips, „Introduction: Fulldome", in: *Digital Creativity*, 23:1, 2012, S. 1–4; Donna Cox, wie Anm. 19.

21 Siehe Michaela French, Kelly Spanou, „Extending the Language of Fulldome Space", in: *IPS 2016 Proceedings*, Revolve IPS Conference 2016, International Planetarium Society, Warschau 2016, S. 74–76.

22 Siehe Michaela French, „Using the layers of presence as a framework for artistic practice in fulldome space", in: *IPS 2018 Proceedings*, IPS Conference 2018, International Planetarium Society, Toulouse 2018.

23 Matthew Lombard, Theresa Ditton, „At the Heart of It All: The Concept of Presence" 1997, zit. in Lydia Reeves Timmins, Matthew Lombard, „When ‚Real' Seems Mediated: Inverse Presence", in: *Presence: Teleoperators and Virtual Environments*, 14:4, 2005, S. 492–500, hier S. 496.

24 Siehe Aaron Bradbury, „Domography", Vortrag bei der Fulldome UK-Tagung, National Space Centre, Leicester 2016.

Ein gemeinschaftliches Seherlebnis schaffen sollte auch der Pepsi-Cola-Pavillon auf der Weltausstellung 1970 in Osaka mit seiner über dreißig Meter hohen, verspiegelten Kuppel im Inneren. Gezeigt wurde hier die Arbeit des interdisziplinären Künstler*innen- und Techniker*innenkollektivs Experiments in Art and Technology (E.A.T.), das damals Pionierarbeit im „noch völlig neuen Bereich der Medienkunst" leistete.[17] Die Kuppel reflektierte das anwesende Publikum innerhalb einer komplizierten Laser- und Lichtanlage und erzeugte so „intensive abstrakte", auf einem scheinbar unendlichen Filmfeld ineinander verlaufende Bilder.[18]

Diese frühen, experimentellen Fulldome-Ansätze hatten Forschungscharakter und waren geprägt von kreativer Zweckentfremdung der Technik, interdisziplinärer Zusammenarbeit und Erfindungsreichtum. Sie etablierten im Ganzkuppelraum ein eigenes künstlerisches Genre und ermutigten damit auch traditionelle astronomische Planetarien, vermehrt experimentelle Inhalte ins Programm zu nehmen. Und während sich etliche Künstler*innen nun auch auf das noch weitgehend unbekannte Territorium des immersiven Weltraumfilms wagten, griffen die Planetarien ihrerseits viele technische Neuerungen auf.

Mit hochspezialisierten Projektoren für astronomische Effekte, umgebauten Film- und Videoprojektoren, eigens konstruierten optischen Geräten und neuen digitalen Steuerungssystemen gelang es den Planetarien, ihren Fundus an Geschichten und Bildern zu erweitern. Ein Meilenstein der technischen Weiterentwicklung war das *SkyVision*-System von Sky-Skan, das als erstes randloses 360°-Filmerlebnis der Welt bei der Londoner International Planetarium Society Conference im Juni 1998 vorgestellt wurde. Seither haben mehrere Anbieter immersive Fulldome-Projektionstechnik entwickelt, und diese wird inzwischen in Hunderten Ganzkuppelsälen weltweit eingesetzt.[19] In letzter Zeit wurde diese Technik zudem leichter tragbar. Nicht zuletzt dank der größeren Auswahl an Software zur immersiven Bildgestaltung nutzen Künstler*innen, Programmierer*innen und Gestalter*innen das schöpferische Potenzial des Verfahrens inzwischen auch außerhalb von Planetarien. Fulldome-Projektionen finden heute häufig in Museen und Kunstausstellungen, aber auch bei Firmenfeiern, Musikfestivals und anderen Veranstaltungen statt.[20]

Eine Illusion ist mehr als die Summe ihrer Teile

Auch die heutige digitale Ganzkuppelprojektion im immersiven 360°-Videoformat beruht auf der Wahrnehmungsillusion – sowie auf unserer Bereitschaft, uns darauf einzulassen. Dadurch erst entsteht das hochgradig suggestive Rundum-Erlebnis, das uns als Betrachter*innen aus dem physischen Raum der Kuppel in die darauf projizierte Welt entführt. Damit das Publikum in diesen Raum immersiver Allgegenwart eintreten kann, müssen die Gestalter*innen die drei wesentlichen Komponenten des Fulldome-Erlebnisses zu einer Einheit verbinden.[21] Die erste ist der Kuppelsaal, also der physische Schalenbau der Kuppel mitsamt der dazugehörigen Bild- und Tontechnik. Diese ermöglicht hochauflösende, digitale Projektionen, die so aneinandergefügt sein müssen, dass sie das Innere der Halbkugel vollständig und nahtlos ausfüllen. Zur Bildtechnik kommt eine ebenso immersive Mehrkanal-Klangraumumgebung. Die zweite Komponente des Mediums Fulldome ist der entsprechende Inhalt in Form von Bild- und Tonmaterial. Die dritte ist das Publikum und seine Wahrnehmung.

Beim Gestalten einer Fulldome-Projektion geht es darum, diese drei Komponenten zu integrieren: Der physische Bau des Kuppelsaals, der mediale Raum des audiovisuellen Inhalts und der Wahrnehmungsraum der Betrachter*innen müssen eins werden.[22] Nur wenn alle drei Komponenten miteinander verschmelzen, entsteht jene „Wahrnehmungsillusion der Unvermitteltheit",[23] die Fulldome gegenüber allen anderen Medien auszeichnet: Der Kuppelbau löst sich scheinbar in Luft auf, und die Betrachter*innen tauchen vollständig ein in die Welt, von der die Bild- und Toninhalte erzählen. Dieses Erlebnis bewusst zu gestalten erfordert ein kundiges Herangehen an die Bildkomposition und -bearbeitung wie an die Tongestaltung.

Ob es um traditionelle naturwissenschaftliche Visualisierungen in Planetarien geht oder um zeitgenössische künstlerische Fulldome-Experimente – die im NSC Creative's Domography[24] beschriebenen Grundlagen des visuellen Geschichtenerzählens im Ganzkuppelraum sind ein guter Leitfaden, um ein Fulldome-Erlebnis zu schaffen, bei dem das Publikum in die Unendlichkeit eintauchen kann.

Beispiele zeitgenössischer Kunst im Fulldome

Neuere künstlerische Fulldome-Arbeiten fallen meist in eine von zwei Kategorien: Zeitgenössische Videokünstler*innen und VJs folgen dem Beispiel von Belsons visueller Musik und erzeugen Ströme gemorphter, computergenerierter Animationen und immersiver Lichtshows, die das Publikum seiner Orientierung berauben und es mit einem erregenden visuellen Spektakel berauschen sollen. Solche rhythmisch-räumlichen Ströme mit ihren visuellen Illusionen und ihrer volumetrischen 3D-Ästhetik finden meist im Unterhaltungskontext statt. Sie sind das, was die meisten Menschen heute mit kreativer Fulldome-Nutzung verbinden. Immer wichtiger wird in den letzten Jahren aber ein experimenteller, forschender Umgang mit der Ganzkuppelprojektion als Medium. Künstler*innen, Gestalter*innen und Filmemacher*innen nutzen den nach allen Seiten randlosen Projektionsraum, um neue Möglichkeiten der Kommunikation, Bildgestaltung und Wahrnehmung im Kontext des immersiven, medienübergreifenden Geschichtenerzählens auszuloten. Entsprechend ihrer Herkunft aus Film, neuen Medien und digitaler Videokunst erkennt diese aufkommende Kunstrichtung die Ganzkuppel als „ästhetisch leistungsfähige Umgebung" mit

25 Lambert, wie
Anm. 5, S.26.

außerordentlich großen Handlungsspielräumen.[25]
Die künstlerische Arbeit in diesem Kontext verbindet das interdisziplinäre Gestalten räumlicher Bewegtbilder mit immersiven Klanglandschaften, bisweilen auch mit Live-Auftritten oder anderen Kunstformen, die die heutigen Grenzen des Mediums Fulldome noch erweitern. Einige Merkmale einer künstlerischen Nutzung des Kuppelraums erörtere ich im Folgenden anhand neuerer Kurzfilme, die von der Fulldome Research Group am Royal College of Art in London produziert wurden.

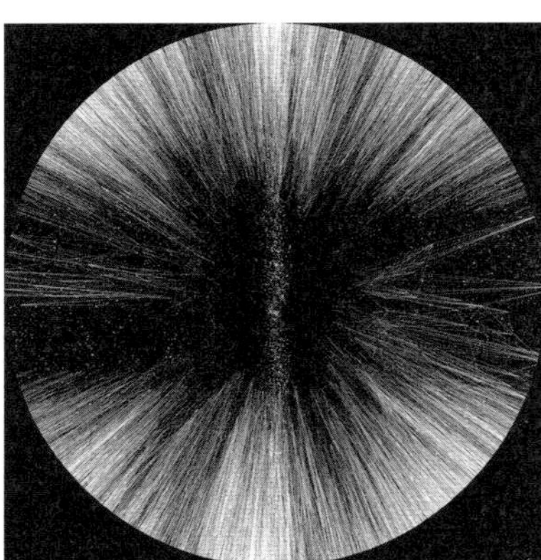

Die Architektin und Gestalterin Kelly Spanou arbeitet in ihrem Kurzfilm *Sonar* (2016) mit einer „egozentrischen Raumstrategie"[26] und nutzt die optisch-kinetischen Möglichkeiten der Ganzkuppel für eine Erkundung des filmischen Erzählens im Raum. Während im traditionellen Film das rechteckige Leinwandformat den Betrachtenden eine beständige, von jeder Bewegung in der projizierten Welt unabhängige vertikale Orientierung ermöglicht, bietet die große, sphärische Leinwand im immersiven Raum der Ganzkuppel keinerlei verlässliche senkrechte Anhaltspunkte. Infolgedessen entwickeln Betrachter*innen die genannte „egozentrische Strategie"[27] und verlassen sich zur Orientierung hauptsächlich auf ihren eigenen Körper. In *Sonar* gestaltet Spanou die karge Schwarz-Weiß-Architektur ihrer Bilder so, dass diese den Bildraum abwechselnd erweitern und verengen. Das präzise abgestimmte Aufwallen und Verebben der immer gleichen Lichtpunkte, die sich scheinbar auseinanderziehen, dehnt den visuellen Raum und erzeugt eine optisch-kinetische Illusion, bei der uns mangels anderer Anhaltspunkte ein gemeinsames, gleichzeitiges Gefühl des freien Falls überkommt. Diese visuellen Signale veranlassen uns zum Rückzug auf uns selbst und betten auf diesem Weg erzählerische Elemente direkt in unser Wahrnehmungserlebnis ein. Spanou spielt mit der Dialektik von Globus und Sphäre im Kuppelraum, indem sie ein variables Raumfeld erzeugt, das abwechselnd die Betrachter*innen einschließt und sich zum Weltall hin öffnet. Der Umgang mit den Möglichkeiten der Kuppel in *Sonar* lädt dazu ein, die eigenen Wahrnehmungsvorgänge und ihr Verhältnis zur Unendlichkeit in den Blick zu nehmen.

Um das Involvieren des Körpers als eines aktiv am Erzählerlebnis beteiligten Elements geht es auch im Kurzfilm *Circus of Anxiety* (2017) von Emily Briselden-Waters. Doch die Künstlerin geht dabei etwas anders vor. Ihre Dokumentation enthält ein Interview, in dem ein persönliches Angsterlebnis geschildert wird. Der mitreißende Kom-

26 Simone Schnall,
Craig Hedge, Ruth
Weaver, „The
Immersive Virtual
Environment of the
Digital Fulldome:
Considerations
of Relevant Psycho-
logical Processes",
in: *International
Journal of Human
Computer Studies*,
70:8, 2012, S.561–575,
hier: S.3.

27 Ebd.

28 Siehe Adrian
Lahoud, „Floating
Bodies", in: Shela
Sheikh, James Burton
(Hg.), *Forensis: The
Architecture of
Public Truth*, Forensic
Architecture, Centre
for Research Archi-
tecture, Goldsmiths,
University of London,
Sternberg Press, Berlin
2014, S.495–518.

mentar ist Ausgangsmaterial für eine komplexe, vielschichtige Raumklangkomposition, die mit abstraktem Schwarz-Weiß-Filmmaterial kombiniert wird. Letzteres dient einerseits als erzählerische Metapher, andererseits als sinnlicher Auslöser von Angstgefühlen auch im Publikum. Briselden-Waters arbeitet dabei mit Techniken, die unmittelbar physisch wirken, etwa mit schnellen, grellen Lichtveränderungen und den dadurch hervorgerufenen dunklen Netzhaut-Nachbildern. Ebenso beeinträchtigt sie durch plötzliche Richtungswechsel in der Bewegung des Bildes unser Orientierungsvermögen, während Infraschallwellen den Körper in Vibration versetzen. Ton und Bild sind entkoppelt und verbinden sich nur im Wahrnehmungserleben der Betrachter*innen. Auf diese Art treten wir in einen Dialog mit dem Erzählinhalt und nehmen uns körperlich als aktiv Beteiligte wahr. *Circus of Anxiety* richtet unsere Aufmerksamkeit nach innen und lädt dazu ein, sich ganz in das Innenleben einer von Angst gejagten Person einzufühlen. Indem der Film die Verschmelzung von Betrachter*in und Kuppel zum Erkunden einer psychischen Innenwelt nutzt, setzt er auch einen Kontrapunkt zu den naturwissenschaftlichen Geschichten vom Weltall, die in Ganzkuppelprojektionen traditionell erzählt werden.

Jeder Fulldome-Film, der neue Erzählweisen erkundet und neue künstlerische oder technische Gestaltungsstrategien hervorbringt, erweitert zugleich die Sprache und Bandbreite der Ganzkuppelprojektion als Medium. *Climate Crimes* (2018) ist ein Beispiel für einen Fulldome-Kunstfilm, der das Geschichtenerzählen vertiefen und zugleich flüssiger machen will. Er untersucht die komplexen Zusammenhänge zwischen globaler Luftverschmutzung, Klimaveränderung und menschlicher Migration. Der Film beruht auf wissenschaftlichen Nachforschungen des Regisseurs Dr. Adrian Lahoud.[28] Die visuelle Umsetzung und Animation stammt von Max Crow und mir. *Climate Crimes* provoziert mit Fakten darüber, wie menschengemachte Aerosole und andere atmosphärische Teilchen aus den reichen Ländern des globalen Nordens (Europa, USA, China u.a.) auf das Weltklima Einfluss nehmen und etwa zur Wüstenbildung und zu Migrationsbewegungen in der nordafrikanischen Sahelzone beitragen.

Climate Crimes lässt uns in eine Darstellung globaler Wirkungskreisläufe eintauchen. Der eingesprochene Kommentar führt durch eine mehrschichtige Erzählung. Raumklang-Filmmusik von Mike Wyeld interagiert mit Visualisierungen aktueller globaler Klimadaten, digitaler Animationskunst und dokumentarischen Bildern von Klimagipfeln und Flüchtlingsströmen. Visuelle Komplexität spielt eine Schlüsselrolle in der Erzählung dieser Geschichte. So wechselt die räumliche Dimension häufig zwischen der mikroskopischen, der menschlichen und der globalen Ebene, um die wechselseitige Abhängigkeit verschiedener Ökosysteme voneinander zu verdeutlichen. Der Bilderstrom, die zeitliche und narrative Bündelung und Integration von Ton und Bild erhöhen die Aufmerksamkeit und gewähren Betrachter*innen Einblicke in ein hochgradig medial überformtes politisches, wirtschaftliches und kulturelles Geschehen rund um Umweltverschmutzung, Erderwärmung und Migration.

In *Climate Crimes* geht es um politische, gesellschaftliche und persönliche Verantwortung. Der Film nutzt die Fulldome-Projektion, um bei den eintauchenden Betrachter*innen persönliche Betroffenheit zu erzeugen und ihre Wirklichkeitserfahrung als wesentlichen Bestandteil in die Erzählung zu integrieren. Ziel ist ein verstärktes „Bewusstsein der Wechselwirkungen zwischen Subjekten und der lebendigen Umwelt, deren Teil sie sind".[29] Das Publikum soll so die Möglichkeit erhalten, das eigene Verhältnis zur Umwelt und den persönlichen Beitrag zu diesen globalen Bedrohungen zu reflektieren.

Diese Arbeit wählt einen grundlegend anderen Ansatz als das bislang übliche naturwissenschaftliche Geschichtenerzählen im Planetarium. Der Film versteht sich als Wegbereiter neuartiger Fulldome-Narrative und versucht eine zeitgenössische Interpretation des Mediums. Er ist ein Vorschlag, wie sich der Sphärenraum der Kuppel nutzen lässt, um das Verhältnis des Menschen zur Erde und zum Kosmos anders als bisher zu betrachten.

Eine lange Geschichte und ein noch ungenutztes Potenzial

Die Ganzkuppelprojektion entstand aus einer bestimmten historischen Beziehung zur Himmelssphäre und eröffnet heute einen Raum, in dem die Sprachen von Wissenschaft, Kultur, Gesellschaft, Technik und Kunst zueinanderfinden können. Sie begünstigt transdisziplinäre Ansätze ebenso wie erlebnisgesättigtes Geschichtenerzählen, innovative, immersive Gestaltung und neue künstlerische Formen mit jeweils anderen Sichtweisen und Diskursen.

Ungeachtet ihrer langen Geschichte kann die zeitgenössische Ganzkuppelumgebung sich als junges Medium in dem Maß weiterentwickeln, in dem neue Techniken mehr Künstler*innen und Gestalter*innen zur Verfügung stehen und dadurch brachliegende schöpferische Ressourcen erschlossen werden. Die Offenheit des Mediums ermöglicht es Künstler*innen, das erzählerische und kommunikative Potenzial des Sphärenraums zu entfalten und am Entstehen einer kritischen und kreativen Sprache für den Fulldome mitzuwirken. Mit der immer größeren Zahl und Vielfalt von Fulldome-Filmen aus künstlerischer Produktion wächst auch das Verständnis der Gestaltungsprinzipien und Strategien, die anzuwenden sind, um erzählerische Verbindlichkeit, Wahrnehmungsintegration und intensives Eintauchen in den Kuppelraum herzustellen. Je umfangreicher dieses Wissen wird, umso größer wird auch der Anwendungsbereich der Ganzkuppelprojektion und umso gezielter ihr Einsatz.

Immersive Zukunftsvisionen, wie sie Kandinsky, Gropius und Klee in den Anfangsjahren des Jenaer Planetariums vielleicht in den Sinn kamen, sind heute Wirklichkeit. Fulldome hat sich zu einer leistungsfähigen medialen Umgebung entwickelt, die zu Kreativität einlädt. Audiovisuelle immersive Techniken verbinden sich mit Erzählung, Wahrnehmung, Physiologie und Fantasie in einem künstlerischen Medium, das uns reichhaltige, anregende und eindrückliche Sphärenerlebnisse bescheren kann.

Michaela French ist Künstlerin, Gestalterin und Forscherin. Sie arbeitet mit Licht und immersiven Medien. Ihr Schaffen widmet sie der Interaktion von Licht und Körper in innovativen Fulldome-Installationen, Live-Performances und Ausstellungen in Museen und Galerien. Sie ist Doktorandin und Tutorin für Information Experience Design am Royal College of Art in London und leitet dort die Fulldome Research Group.

---

29 Gabriella Giannachi, Nick Kaye, Michael Shanks (Hg.), *Archaeologies of Presence*, Routlegde, Abingdon 2012, S.13.

Jede individuelle Sicht transzendieren

Interview mit dem Künstlerkollektiv Metahaven

Mit dem Fulldome-Werk *Elektra* begibt sich Metahaven – in dessen Arbeit die vielfältigsten künstlerischen Formate aufeinandertreffen – erstmals in den Kuppelraum. In einer Verbindung aus Realfilm und Animation entspannt sich dabei ein visueller Essay, der anhand des mythischen Stoffs der Elektra verschiedene Zeitebenen miteinander verbindet. Ein Gespräch über die künstlerische Erkundung der Kuppel.

Ihr seid mitten in der Arbeit an *Elektra*, eurem ersten Fulldome-Projekt. Was interessiert euch an dem uralten, zugleich ganz neu zu entdeckenden Kuppelraum? Worin seht ihr eure Möglichkeiten, in diesem Raum neueste Bild- und Tontechnik mit künstlerischem Ausdruck zu verbinden?

Ganz ehrlich, das ist eines der spannendsten Projekte, an denen wir bisher gearbeitet haben. Denn in der Kuppel funktioniert kaum eine der traditionellen Bildkonventionen. Nachdem wir gerade erst den Film gedreht haben und in die Bearbeitungsphase eintreten, geht es uns vor allem darum, mit diesen Konventionen zu spielen, sie auszuhebeln. Dabei arbeiten wir mit drei Bildschichten oder -ebenen: Filmbilder in Fischaugenoptik, Filmbilder mit normaler Kameraoptik, aber aus verschiedenen Perspektiven, und Animation als ein Mittel, um das ganze Projekt in den Kuppelraum einzufügen und damit zugleich die Größenverhältnisse des filmischen Ausgangsmaterials entweder zu bekräftigen oder zu unterlaufen.

Zugleich ist uns ein Gemälde aus der Frührenaissance eine wichtige Anregung: *Mariä Himmelfahrt* (1475–1476) von Francesco Botticini. Darauf ist nach einer Beschreibung des Pseudo-Dionysus Areopagita, eines neuplatonischen, christlichen Mystikers aus dem 6. Jahrhundert, Maria inmitten von neun kuppelförmig nach oben verjüngten Engelskreisen dargestellt.

Ihr geht bei eurer Erkundung also auch weit in der Kunst- und Architekturgeschichte der Kuppel zurück. Insgesamt ist eure Arbeit vom Ausloten künstlerischer Formen und Erzählmittel und von bewussten Regelbrüchen gekennzeichnet, beispielsweise in den Filmen *Information Skies* und *Hometown*, deren Inhalte ihr in *Elektra* erneut aufgreift. Wie kann man sich diese neue Arbeit in ihren Grundzügen vorstellen?

Was *Elektra* mit den früheren Filmen verbindet, ist die Suche nach einer lyrischen Form des Eintauchens. Wir sind aber auch bei diesem neuen Film bestrebt, eine eigene Logik der Montage zu entwickeln. Inhaltlich geht es in dieser Arbeit um die Kindheit. Um den gleitenden Übergang von der Vergangenheit zur Gegenwart, die Verkörperung vergangener Zeit in einem einzigen Jetzt. Das wiederum ist ein Gedanke von Edmund Husserl, den wir zuvor in unserem Essay „Digital Tarkovsky" anhand einer Überlegung zur Arbeit des Philosophen Bernard Stiegler aufgegriffen haben.

Aischylos schrieb: „Den toten Vätern sind die Kinder rettender Nachruhm; dem Kork gleich führen sie, des Fadens Zug aus tiefem Meergrund treu bewahrend, Garn und Netz."

Welche Verbindung gibt es zwischen der Mythenerzählung und dem hochtechnisierten Kuppelraum?

Eine wirkliche Verbindung gibt es nicht. Aus den wenigen Erfahrungen, die wir bisher mit Kuppelprojektionen gemacht haben, wissen wir, dass das Niveau der technischen Ausstattung sich von Mal zu Mal stark unterscheidet. Fulldome ist längst nicht so standardisiert wie etwa die Kinotechnik. Auffällig ist, dass selbst die technischen Mindestanforderungen für die Arbeit in Kuppelräumen, etwa 4K mal 4K mit 60 Bildern pro Sekunde wie am Planetarium Hamburg, weit von dem entfernt sind, was sich die meisten heutigen Künstler*innen im Videobereich leisten können.

Elektra reflektiert unmittelbar dieses Medium. Die Arbeit ist auch eine Parabel auf die Kuppel des Planetariums und auf das neue, andere Sehen, das sie ermöglicht. Worin unterscheidet sich dieses neue Sehen von dem, was wir aus dem Kino gewohnt sind?

Der Blick in die Kuppel setzt die Sicht in den unbegrenzten Raum im Grunde schon voraus. Deshalb stellt sich bei diesem Schauen in alle Richtungen gar nicht erst die Frage, wem dieser unendliche Raum eigentlich gehört. Wichtig ist aber, sich diesen Raum nicht von vornherein als etwas Galaktisch-Gigantisches vorzustellen. Wir versuchen, unterschiedliche Raumvorstellungen zu kombinieren und mit inneren perspektivischen Widersprüchen zu arbeiten, sodass wir in den Filmbildern die unendliche Räumlichkeit teils bekräftigen, teils leugnen. Abwarten, ob uns das auch gelingt. Formal verstehen wir die Arbeit im übertragenen Sinn als eine Uhr, insofern die Ränder des kreisrunden Bildes, die der Uhrzeiger markiert, auch als Zeitmaß dienen können.

Der Unterschied zum Kino ist, dass wir uns in der Kuppel nicht auf eine Filmerzählung einstellen, sondern, in Ermangelung eines besseren Wortes, auf ein ‚Erlebnis'. Worin genau dieses Erlebnis besteht, ist schwer zu beschreiben, aber anscheinend will es uns zu einem Nachdenken über Fragen anregen, das beinahe schon grundsätzlich jede individuelle Sicht auf die Dinge transzendiert. So kann man in der Kuppel beispielsweise keine Identifikation mit einer Figur erwarten oder erreichen, wie das im Kino oder Kunstfilm möglich ist.

Inwiefern knüpft diese aktuelle Arbeit an eure früheren Projekte an? Welche Schwierigkeiten und Fragen tauchen auf, denen ihr bisher so nicht begegnet seid?

Wir halten uns eher zurück, was das Herausstellen der rein technischen Neuheit dieser Arbeit angeht. Es gibt ja eine ganze Reihe von Aspekten, die diesmal für uns neu sind. Beispielsweise ist das unser erstes Projekt mit Kindern. Das passt sehr gut zu unseren früheren Filmen, aber es brachte auch ein ganz anderes Arbeiten auf dem Set mit sich, ebenso die Verpflichtung, den Inhalt des Films auf eine Weise zugänglich zu machen, die weitere Erklärungen erübrigt. Wir haben uns eingehend mit den Lichtstimmungen der Bilder zwischen dunkel und hell, grau und bunt beschäftigt. Wir begannen die Arbeit an dem Film mit einem selbst geschriebenen Gedicht, kamen dann aber allmählich von der Idee ab, es direkt im Film einzusprechen. Stattdessen dient es nun als eine Art informeller Resonanzboden oder Storyboard. Mit unseren Ausstatter*innen haben wir auch jede Menge Requisiten gebaut, darunter Netze und Objekte aus Schiffstauen und Seilen.

Nimmt die Verbindung mehrerer Realitätsebenen mit unterschiedlichen Graden an Sinnlichkeit hier eine neue Qualität an?

Das hoffen wir.

Welche Möglichkeiten ergeben sich mit dem Planetarium als neuem Kunstraum für Künstler*innen und ihr Publikum?

Die Möglichkeiten des Planetariums sind andere als die der Kuppelprojektion als solcher, die viel Potenzial bietet. Der virtuellen Realität gegenüber hat die Kuppelprojektion den Vorteil, ein gemeinschaftliches Erlebnis zu bieten. Planetarien sind Institutionen und verfügen über Kuppelsäle. Ob sie offen dafür sind, darin Kunst zu fördern und stattfinden zu lassen, müssen sie selbst wissen. Davon abgesehen scheint uns, dass ein Planetarium oder eigentlich: eine Kuppel die Aussicht

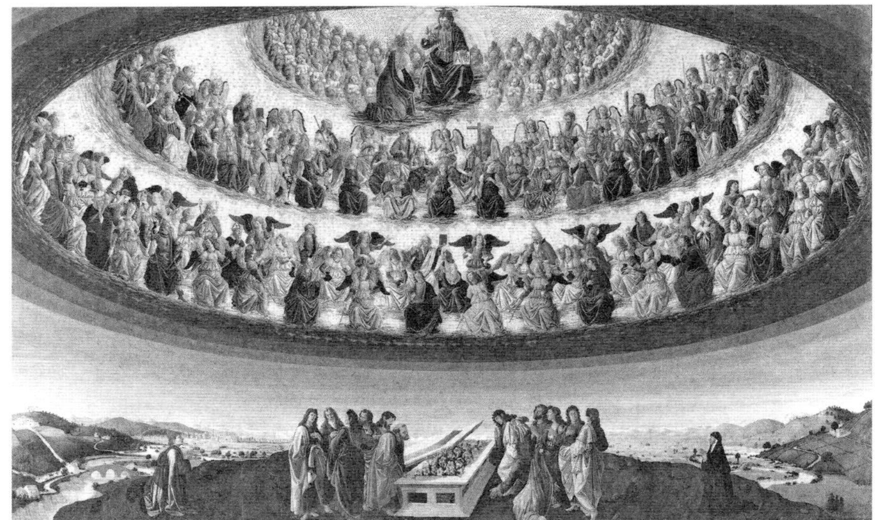

bietet, im Film weniger auf die Handlung als auf das einzigartige Geschehen zu setzen – sich an einer anderen räumlichen Dimension als derjenigen zu orientieren, die unseren Alltag dominiert. Das kommt uns sehr entgegen. Botticinis Gemälde spricht uns an, weil es einen Himmel zeigt, in den ein Kuppelraum mit den neun Engelskreisen gleichsam einbricht, um ihn zu verformen. Die Kuppel gab es schon lange, bevor wir Techniken hatten, um darin Filme zu projizieren. Auch in der Malerei schuf sie einen Raum, der einen Ausblick in andere Dimensionen bot, vor allem weil man sie sich als angemessene Topologie zum Veranschaulichen des Himmelreichs vorstellte. Wenn wir die Planetariumskuppel ernst nehmen, also die Sicht, die sie uns bietet, und wenn wir die Geschichte durchdenken, an die sie – etwa am Beispiel von Botticinis Gemälde – anknüpft, dann bekommen wir es als Künstler*innen mit Fragen zu tun, die weit über das bloß Optische hinausreichen.

Einen Stern berühren

Ulrike Bergermann

Eintauchen, um nicht unterzugehen

1 Frei zitiert aus einer nachgelassenen Glosse von Hugo von Hofmannsthal in: Hans Blumenberg, *Die Vollzähligkeit der Sterne*, Suhrkamp, Frankfurt am Main 1997, S. 36.

2 Siehe Stephan Oettermann, *Das Panorama. Die Geschichte eines Massenmediums*, Syndikat, Frankfurt am Main 1980; Katalog der Kunst- und Ausstellungshalle der Bundesrepublik Deutschland (Hg.), Katalogredaktion Marie-Louise von Plessen, Ulrich Giersch, *Sehsucht. Das Panorama als Massenunterhaltung des 19. Jahrhunderts*, Stoemfeld/Roter Stern, Basel/Frankfurt am Main 1993.

3 Alison Griffiths, *Shivers Down Your Spine. Cinema, Museums, and the Immersive View*, Columbia University Press, New York 2008, schreibt über Immersion in Kathedralen und Museen bis zum IMAX.

4 Siehe Lisa Parks, *Cultures in Orbit. Satellites and the Televisual*, Duke University Press, Durham/London 2005, S. 21-45.

5 Herbert Marshall McLuhan, „Medien verstehen - Die Ausweitung des Menschen" [1964], in: Martin Baltes, Rainer Höltschl (Hg.), *Absolute Marshall McLuhan*, Orange Press, Freiburg 2002, S. 138-174, bes. S. 154: Der „common sense" als die Übertragung einer Sinneserfahrung auf alle anderen sei im Computerzeitalter wieder möglich, „unsere jetzt sich vollziehende Übertragung unseres ganzen Lebens in die geistige Form der Information macht den ganzen Erdball und die Familie der Menschheit zu einem einzigen Bewußtsein".

„Das kluge Kind wird gefragt: Kannst du einen Stern berühren? Das Kind bückt sich und berührt die Erde." [1]

Wenn die visuelle Wahrnehmung fast zur ganzkörperlichen wird: Schon in den Panoramen des 19. Jahrhunderts, riesigen Rundbauten mit Rundum-Gemälden, standen die Besucher*innen auf Plattformen im Zentrum und tauchten gemeinsam in die Bilder ein, bis ihnen schwindelte [2] – *Shivers Down Your Spine* hat die Medienwissenschaftlerin Alison Griffiths ihre Geschichte des immersiven Blicks genannt, der sich mit einer Lust am Kontrollverlust verband. [3]

Auch für den Medientheoretiker Marshall McLuhan war eine solche planetarische Erfahrung von Vorstellungen des Anschließens und Eintauchens geprägt. Nicht erst in seinem Spätwerk hat McLuhan die Sinne zunehmend als Teile eines Ganzen verstanden; schon zur Zeit der ersten (fast) weltweiten Live-Übertragung von Fernsehsendungen via Satellit mit dem Titel *Our World* 1967 [4] befand er, diese Verbindung sei technologisch wie menschlich eine „elektrische": Wir seien nun um den Globus miteinander verbunden, als ob wir durch Signale an unseren Fingerspitzen in einem Netz hingen; das sei, schrieb er viele Jahre vor dem Internet, unser neuer „common sense". [5]

6 Bereits die Mondumrundung von *Apollo 8* wurde 1968 live im Fernsehen übertragen, Fotos der Mondoberfläche waren bereits durch die sowjetische Sonde *Lunik 3* gemacht worden. Aber die Aufnahme von *Apollo 17* wirkte besonders nachhaltig: die neue Einheit, der blaue Stein auf dunklem Grund, ein Schmuckstück auf Postern und T-Shirts, eine Ikone der Umweltbewegung.

7 Siehe Thomas de Padova, *Das Weltgeheimnis. Kepler, Galilei und die Vermessung des Himmels*, Piper, München/Zürich 2009; Mario Biagioli, *Galileo's Instruments of Credit. Telescopes, Images, Secrecy*, University of Chicago Press, Chicago/London 2006; Horst Bredekamp, *Galilei der Künstler. Der Mond. Die Sonne. Die Hand*, Akademie Verlag, Berlin 2007; Ulrike Bergermann, Isabell Otto, Gabriele Schabacher (Hg.), *Das Planetarische. Kultur-Technik-Medien im postglobalen Zeitalter*, Fink, München 2010.

8 Hannah Arendt, *Vita activa oder Vom tätigen Leben* [1958], Piper, München/Zürich 1994, S. 246. Das „Vermessungsvermögen", mit dem der menschliche Verstand durch Zahlen, Symbole und Modelle alles auf beliebige Größenmaße reduzieren kann, das löst den Messenden von seinem Angelpunkt. Der archimedische Wunsch, einen Punkt außerhalb der Erde zu finden, um sie aus den Angeln zu heben, hat sich erfüllt; was in Laboren geschieht, behandelt die Erde wie von einem außerirdischen Standpunkt aus, einem „männlich-menschlichen Verstand, der von der Sonne aus die Planeten überblickt", S. 258. Um den Preis einer Entfremdung also werde Erkenntnis in der Moderne gewonnen, und mehr: Im Gemessenen begegne der Mensch letztlich nur sich selbst, da die gemessene Natur ja nur seinem Wahrnehmungsvermögen entsprechend zugerichtet worden sei, S. 260 f.

9 Siehe Hans Blumenberg, *Die kopernikanische Wende*, Suhrkamp, Frankfurt am Main 1965.

Heute scheint uns wie McLuhan der Blick ‚von außen' auf ein Objekt oder Bild ein distanzierter zu sein, Immersion dagegen ist mit Feedback, Partizipation und Überwältigung verbunden – eine Sinnes- und Mediengeschichte, die das Planetarium beerbt und mitgeschrieben hat. Aber der Blick *auf* den Globus ist nicht notwendig ein kalter, der keine Verbundenheit schafft, wie eindrücklich im ikonischen Bild der *Blue Marble* von 1972, dem Foto der Erde aus *Apollo 17*, zu sehen und zu fühlen ist. [6] Zur Vorgeschichte der Planetarien und der von ihnen ermöglichten visuellen Reise in den Raum um die Erde gehören auch die Erd- und Himmelsgloben des Mittelalters, gehört auch der imaginierte Blick aus dem All auf die Erde als einen Planeten unter vielen anderen, also ein Blick ‚von außen', der durchaus mit starken Gefühlen von Zusammengehörigkeit verbunden sein kann. Diese Mediengeschichte skizziert den Blick auf die Erde als Angelpunkt von Weltbildern, die heute über die Wahrscheinlichkeit von Klimakatastrophen und über die Zukunft dieser Kugel entscheiden. Das Planetarium des 21. Jahrhunderts ist damit Teil eines Gefüges, einer politischen Ästhetik, die von der kopernikanischen Wende bis zu realen virtuellen Realitäten der Gegenwart reicht. Kann man hier eintauchen, um den Planeten nicht untergehen zu lassen?

Wenig bekannt ist, dass Himmelsgloben älter sind als Erdgloben: Sie zeigen seit der Antike den Sternenhimmel auf einer Kugel, in einer verkehrten Projektion, als ob man von einer imaginären zentralen Innenposition auf die Oberfläche die Sternbilder sähe. Hinzu kamen später die terrestrischen Globen mit der entgegengesetzten Imagination, dem Blick aus dem Weltall auf die Kugel; bis ins 19. Jahrhundert wurden meist beide zusammen hergestellt, als Hilfsmittel für Navigation und wissenschaftlichen Austausch. Sternbilder sind wiedererkennbar und bewegen sich nur in langsamen Zyklen, konnten also auf Himmelsgloben gezeichnet werden, während andere beobachtbare Lichtpunkte, nach dem griechischen Wort für „umherschweifen", „Planeten" genannt wurden. Dass die Berechnung von deren Bahnen nur zu dem Schluss führen konnte, dass sie sich wie die Erde um die Sonne drehen, stand im Gegensatz zur mittelalterlichen christlichen Lehre und wurde mittels Inquisition zensiert – die Planetendarstellung ist ein Politikum und entscheidet über das Selbstverständnis des Menschen.

Galileo Galilei zeigte 1610 im Bild, was Kopernikus 1509 und Kepler 1609 gedacht und errechnet hatten, dass nämlich die Erde um die Sonne kreist. [7] Sein 1632 erschienenes Buch *Dialogo* wurde allerdings von der Kirche verboten und der Autor zu lebenslangem Hausarrest verurteilt – die Zugänglichkeit seiner Schriften in der Landessprache, nicht im Gelehrtenlatein, und die Anschaulichkeit seiner Bilder plausibilisierten das heliozentrische Weltbild, das der christlichen Lehre widersprach. Die Medien der Weltanschauung waren alles andere als demokratisiert. Aber die kopernikanische Wende machte bald nicht nur klar, dass die Erde nicht der Mittelpunkt des Weltalls ist. Die Messungen, die der Blick durchs neu

erfundene Fernrohr ermöglichte, entsprachen den theoretischen Berechnungen, und das bedeutete, dass sich der Mensch das All denkend erschließen kann. Für Hannah Arendt ist es dieses „Vermessungsvermögen", das den Menschen von der Erde abhebt und von ihr entfremdet. [8] Arendt schrieb das kurz nach dem Sputnik-Schock 1957 und kurz vor der Mondlandung 1968, also nachdem ein Satellit die Welt von außen ‚sah' und bevor menschliche Augen mit Kamera diesen Blick zurück auf die Erde brachten. Hans Blumenberg hob das 1965 noch als Leistung hervor: Diese Erkenntnis ermögliche eine Selbstreflexion des Menschen. [9] Günther Anders sah das kurz darauf kritischer: Die Erde als ein Abstraktum wahrzunehmen, dies sei bislang eine intellektuelle Anstrengung gewesen und werde nun für alle im Bild möglich, da sich die Kamera, wie in der Übersetzung des lateinischen *abstrahere*, losgerissen habe von der Erde. [10] Und da bei der Mondlandung geschätzte 500 Millionen Menschen zugesehen hätten, könne man von „den Augen der Erde" sprechen, die sich selbst sähen: die „Selbstbegegnung der Erde". [11] So oder so haben Techniken der Raumvermessung, der Fernwahrnehmung und Telekommunikation eine Rückwendung der Erde auf sich selbst und der Möglichkeit, sich selbst ‚als eins' zu sehen, geschaffen. Der Blick auf die ganze Erde von einem externen Standpunkt aus hat allerdings einen langen Weg hinter sich.

Von den ersten unbemannten und bemannten Heißluftballons seit 1783 über Flugzeuge und Satelliten in der Erdumlaufbahn im 20. Jahrhundert dauerte es lange, bis Fotografien aus einer Rakete tatsächlich die Erde von ‚außen', genauer: den ganzen Planeten, ohne Verschattung durch den Mond angestrahlt, abbilden konnten – die Erde erscheint selbst als Raumschiff, verloren im Weltall, kostbar. [12] Auf der Erde kämpfte gerade Rachel Carsons Bestseller *The Silent Spring* 1962 mit der Aussicht auf die ewige Stille nach der drohenden Umweltvergiftung für ein ökologisches Umdenken; der katholische Chemiker James Lovelock beschrieb die Erde wie ein Lebewesen namens *Gaia*; [13] 1972 erschien der Bericht des Club of Rome zu den *Grenzen des Wachstums*, [14] und „the Planetary" wurde zum Begriff für Diskurse, die naturwissenschaftliches ebenso wie kultur- und geisteswissenschaftliches Wissen aufriefen und damit die emanzipatorische Hoffnung auf ein Verbinden der – durch ‚die Moderne' – getrennten Perspektiven weckten. [15] Im gleichen Jahr ging das erwähnte Foto von „the whole earth", bekannt unter dem Namen *Blue Marble*, um die Welt, und noch heute erinnert uns Alexander Gerst daran, wie sinnlos Umweltzerstörung und Kriege wirken, wenn man die Erde ohne Grenzen und mit einer empfindlichen Atmosphäre um die blauen Weltmeere vor Augen hat. Die Bilder des Planeten wurden immer wieder eng mit ökologischen Krisen zusammengebracht. Gilt das im Digitalen weiter – wie sind die Blickpolitiken etwa bei Google Earth oder in der virtuellen Realität?

„Das kluge Kind wird gefragt: Kannst du einen Stern berühren? Das Kind bückt sich und berührt die Erde." Das heißt heute mit Google Earth: Es schaut nicht von der Erde zu den Sternen, und

10 Siehe Günther Anders, *Der Blick vom Mond. Reflexionen über Weltraumflüge* [1970], Beck, München 1994. Anders führte 1962 während des sowjetischen Weltraumflugs Tagebuch und veröffentlichte 1970 seine Reflexionen auf die *Apollo*-Flüge.

11 Ebd., S. 89.

12 Siehe Barbara Ward, *Spaceship Earth*, Columbia University Press, New York 1966; Richard Buckminster Fuller, *Bedienungsanleitung für das Raumschiff Erde und andere Schriften* [1961-1970], hg. v. Joachim Krausse, Philo Fine Arts/ EVA, Hamburg 2008.

13 James E. Lovelock, *The Ages of Gaia: A Biography of Our Living Earth*, W.W. Norton, New York 1995; ders., „The Gaia Hypothesis", in: Lynn Margulis, Clifford Matthews, Aaron Haselton (Hg.), *Environmental Evolution. Effects of the Origin and Evolution of Live on Planet Earth*, 2. Aufl., MIT Press, Cambridge, Mass./ London 2000, S. 1-28. Vgl. dazu Alexander Friedrich u.a., *Ökologien der Erde. Zur Wissensgeschichte und Aktualität der Gaia-Hypothese*, meson press, Lüneburg 2018.

14 Siehe Dennis Meadows u.a., *Die Grenzen des Wachstums. Bericht des Club of Rome zur Lage der Menschheit* [*The Limits to Growth*, New York 1972], DVA, Stuttgart 1972, übers. v. Hans-Dieter Heck.

15 Siehe Wai Chee Dimock, Lawrence Buell (Hg.), *Shades of the Planet*, Princeton University Press, Princeton 2007; Marie Louise Pratt, *Imperial Eyes. Travel Writing and Transculturation* [1992], 2. Aufl., Routledge, London/New York 2008.

16 Auch dank Sponsorings durch die UN sowie zahlreicher journalistischer Projekte des *New York Times* und Produktionen der Firma VRSE.

17 *Clouds Over Sidra*, produziert von Gabo Arora und Chris Milk für VRSE, jetzt WITHIN, 2015, 8.35 min., www.with.in/ watch/clouds-over-sidra, letzter Abruf 9.7.2019.

es schaut nicht von einem Stern auf die Erde. Es ist auf der Erde, und es kann diese von außen sehen, und es kann ihr Bild manuell bewegen. Google Earth verbindet seit 2001 die Sicht auf den drehbaren Planeten mit Satellitenansichten der Kontinente, Länder und Orte bis hin zur Street View. Der Flug über die Erde und zwischen den Maßstäben schafft das Gefühl eines Kontinuums, einer Verbundenheit der Orte, ein sicheres Gleiten, bei dem sich jederzeit landen, den Urlaubsort ansehen oder ein Bild von einer Krisenregion machen lässt, man stets von der Übersicht zum Lokalen, zu Straßen oder Einzelfotografien wechseln kann. Der Blickpunkt befindet sich ebenso ‚außen' wie auf der Erde selbst, und er liegt, verstreut und multipliziert, in den Händen der User. Ob das den Kosmopolitismus befördert hat? Derzeit ließe sich das weder am Rückgang von Hunger noch an der Erderwärmung ablesen – der Konnex von Bildtechniken und Empathie bleibt offen.

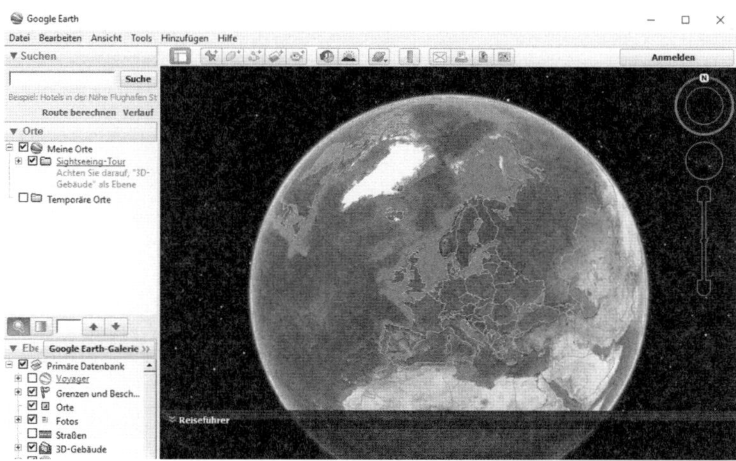

Eine andere aktuelle Technologie, die die Welt immersiv und empathisch zu zeigen verspricht, ist VR, die „virtuelle Realität", hier allerdings wiederum nicht im Blick von außen auf die Erde, sondern im individualisierten Rundumblick unter der VR-Brille, die die Kopfbewegungen in Echtzeit auf die Darstellung umrechnet. „VR", das Buzzword der 1980er Jahre, war wie das *Gaia*-Konzept in Vergessenheit geraten, nun sind beide extrem populär. 1995 gab es dank neuer Brillenmodelle [16] eine Reihe spektakulärer Filme im 360°-Modus, die auffallend oft Themen wie internationale Flüchtlingslager, Kriegssituationen oder aber Naturbilder (zum Beispiel beim Tauchen mit Walen) darstellten und in begleitenden Texten auf die emotional anrührenden Effekte der Technik hinwiesen. Die UN setzte Filme wie *Clouds Over Sidra* aus dem Flüchtlingslager Zaatari bei Spendenaktionen ein. [17] Verbundenheit stellt sich hier durch eine einzeln erfahrene ‚planetarische' Erzählung ein; sie steht im Kontext der journalistischen Dokumentation und zunehmend der Unterhaltungsindustrie, während das Planetarium in einer Geschichte der Volksbildung und des kollektiven Schauens situiert ist. Mit Zaatari bin ich alleine verbunden, mit Agnieszka Polskas prähistorischer Biosphäre im Fulldome gleichzeitig mit vielen anderen, so wie auch die Klimakatastrophe uns alle zusammen angeht.

Bruno Latour bezeichnet die Erschütterung durch das *Gaia*-Konzept als so groß wie die durch Galilei; [18] der neue Geozentrismus sei noch stärker „zum Schwindeligwerden" als die erste kopernikanische Kränkung. [19] Der Blick auf den Planeten wie auf einen Globus mache die Betrachter*innen passiv und müsse in eine bewegte Schleifenform übergehen, [20] in ein „schleifenförmige[s] Sicheinbindenlassen […] Nach jeder Schleife werden wir empfänglicher und reaktionsfähiger." [21] Latour denkt dabei nicht an ungerechte Verteilungen zwischen Nord und Süd oder an westliche Wissensproduktionsweisen. Im Juli 2019 warnte Philip Alston im UN-Bericht vor der kommenden „climate apartheid", die die Welt in wenige reiche Gewinner und unzählige Verlierer spalten werde. [22] Es ist nicht einfach ‚der Mensch', nach dem das Anthropozän benannt ist (die Epoche der menschengemachten ökologischen Umwälzungen des Planeten), sondern „eine spezifische, auf Wachstum und Steigerung beruhende (Re-)Produktionsweise", also ein „Kapitalozän"; [23] das könnte die Menschheit einmal mehr zur Aktion rufen, ist aber viel unanschaulicher.

Welche Bilder von einem Ganzen, einer Kugel mit weltumspannenden Vernetzungen könnten die Welt als eine zeigen? Romanautor William Golding hatte Lovelock den sprechenden Namen der Erdgöttin vorgeschlagen, denn das Konzept *Gaia* arbeitete, um an verschiedene Wissenschaften anschlussfähig zu sein, mit metaphorischen Übersetzungen; [24] es war erst die Veröffentlichung in einem populären Magazin, nicht etwa innerhalb der Akademie, die der Idee zum Durchbruch verhalf. [25] Damit liegt *Gaia* ähnlich den Planetariumsprojektionen zwischen wissenschaftlicher Grundlage und allgemeiner Anschaulichkeit.

Planetarisch ist daran, was uns betrifft und was uns verbindet. Einen Stern berühren, sich von den Bildern berühren lassen heißt nicht, einer manipulativen Überwältigungsszenerie das Wort zu reden, sondern bietet den zeitgemäßen Einstieg in eine Verbundenheit von Technologie, Sinneserfahrung und einer Reflexion des eigenen Standpunkts. Im Rahmen eines Forschungsprojekts zum Planetarium haben Hans-Christian von Herrmann und andere an der TU Berlin dessen Geschichte ebenfalls ausgehend von „geozentrischen" („ptolemäischen") wie von „kopernikanischen" Planetarien erforscht, also von solchen, die die Erde in den Mittelpunkt stellten, oder aber von jenen, die Planeten auf ihrer Bahn um die Sonne zeigten. [26] Beide Modelle überlagerten sich noch im begehbaren Gottorfer Globus um 1650, trennten sich aber bald. Heute liegen wir wie im Kommandosessel auf der Brücke der *Enterprise* und schauen meist wie von unten nach oben in Projektionen, die wieder beides umsetzen können. In Simulationen wird astronomisches Wissen anschaulich nach riesigen Übersetzungsketten digitaler Datenmengen, die Transformationen von Daten in Bilder umfassen und als Animationen, als Flüge durchs All ausgeben. Die Verbindung von individuellem sinnlichem Erleben, von einem gemeinschaftlichen Erlebnis im Projektionsraum, von naturwissenschaftlichem Wissen, von lokalisierten Augen und Bildern ferner Welten

18 Siehe Bruno Latour, *Kampf um Gaia. Acht Vorträge über das neue Klimaregime* [*Face à Gaia*, 2015], Suhrkamp, Berlin 2017, S. 106 f.

19 Ebd., S. 165.

20 Siehe ebd., S. 236 ff.

21 Ebd., S. 241.

22 Siehe Tom Batchelor, „Climate Apartheid", in: *The Independent*, 25.6.2019, www.independent.co.uk/environment/climate-change-crisis-rich-poor-wealth-apartheid-environment-un-report-a8974231.html, letzter Abruf 9.7.2019.

23 Matthias Schmelzer, Andrea Vetter, *Degrowth/Postwachstum. Zur Einführung*, Junius, Hamburg 2019, S. 48.

24 „Seit den 1970er Jahren gibt Gaia, die altgriechische Personifizierung der Erde und Mutter der ersten Götter, dem von James Lovelock und Lynn Margulis entwickelten Konzept einer planetarischen Entität aller Lebensprozesse ihren Namen. Als globaler homöostatischer Regelkreislauf, als aktives und adaptives Kontrollsystem, wie es der für die Mars-Mission der NASA arbeitende Biochemiker und Ingenieur Lovelock ausdrückt, verkörpert Gaia die kybernetisch verschränkte Gesamtheit aller Lebensvorgänge auf der Erde." Friedrich u.a., wie Anm. 13, S. 9.

25 Vgl. Diedrich Diederichsen, Anselm Franke (Hg.), *The Whole Earth. Kalifornien und das Verschwinden des Außen*, Katalog zur Ausstellung im HKW, Sternberg Press, Berlin 2013.

26 Siehe Boris Goesl, Hans-Christian von Herrmann, Koehi Suzuki (Hg.), *Zum Planetarium. Wissensgeschichtliche Studien*, Fink/Brill, Leiden u.a. 2018; vgl. vor allem die historischen Beiträge von Hans-Christian von Herrmann und Joachim Krausse oder die zu neueren Technologien von Tim Florian Horn (über Fulldome-Projektion) und David McConville (über Kuppeltheater auf Weltausstellungen der 1930er Jahre, 360°-Cineramas u.a.).

27 David McConville, „Das Universum domestizieren", in: ebd., S. 229–253, hier S. 252 f.

bringt im Planetarium die verschiedensten Dimensionen zusammen. „Weit davon entfernt, einen Blick von außen auf einen rein objektiven Kosmos zu liefern, zeigt diese virtuelle Kosmographie auf spektakuläre Weise die Unmöglichkeit, uns selbst aus der kosmischen Gleichung herauszukürzen", kommentiert David McConville das Planetarium im digitalen virtuellen Zeitalter; darin „konfrontier[e] uns der grundsätzlich situierte Charakter unserer Darstellungsformen mit der wesentlichen Immanenz unseres Seins."[27] Anders also als im Blick von außen, und anders auch als im Blick der individuellen VR-Brillen, deren Situiertheit zur Debatte steht, wäre es gerade das Planetarium, das den eigenen Standpunkt heute ins Bewusstsein bringt.

Ulrike Bergermann ist seit 2009 Professorin für Medienwissenschaft an der HBK Braunschweig. Vorher unterrichtete sie u.a. in Bochum, Köln und Paderborn, promovierte 2000 in Hamburg zum Thema Gebärdensprachnotation und Gebärdensprachforschung, studierte in Heidelberg und Hamburg Germanistik, Kunstgeschichte und anderes. Seit 2008 Redaktionsmitglied der „Zeitschrift für Medienwissenschaft", 2010-2017 Mitglied des DFG-Lenkungsgremiums Medienwissenschaft. Forschungsschwerpunkte: Medientheorie, Wissenschaftsgeschichte, Gender und Postcolonial Studies; Publikationen siehe unter: www.ulrikebergermann.de.

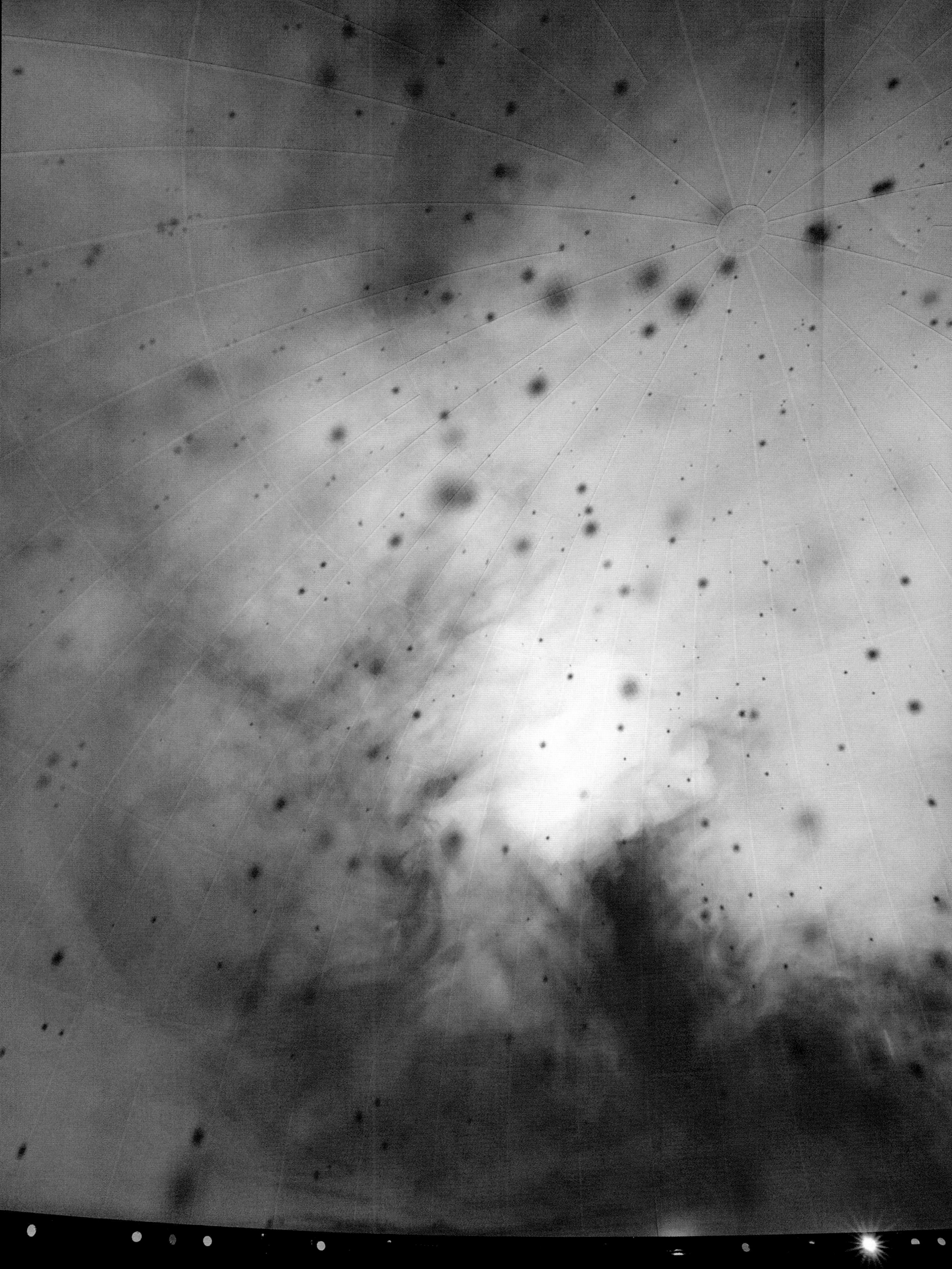

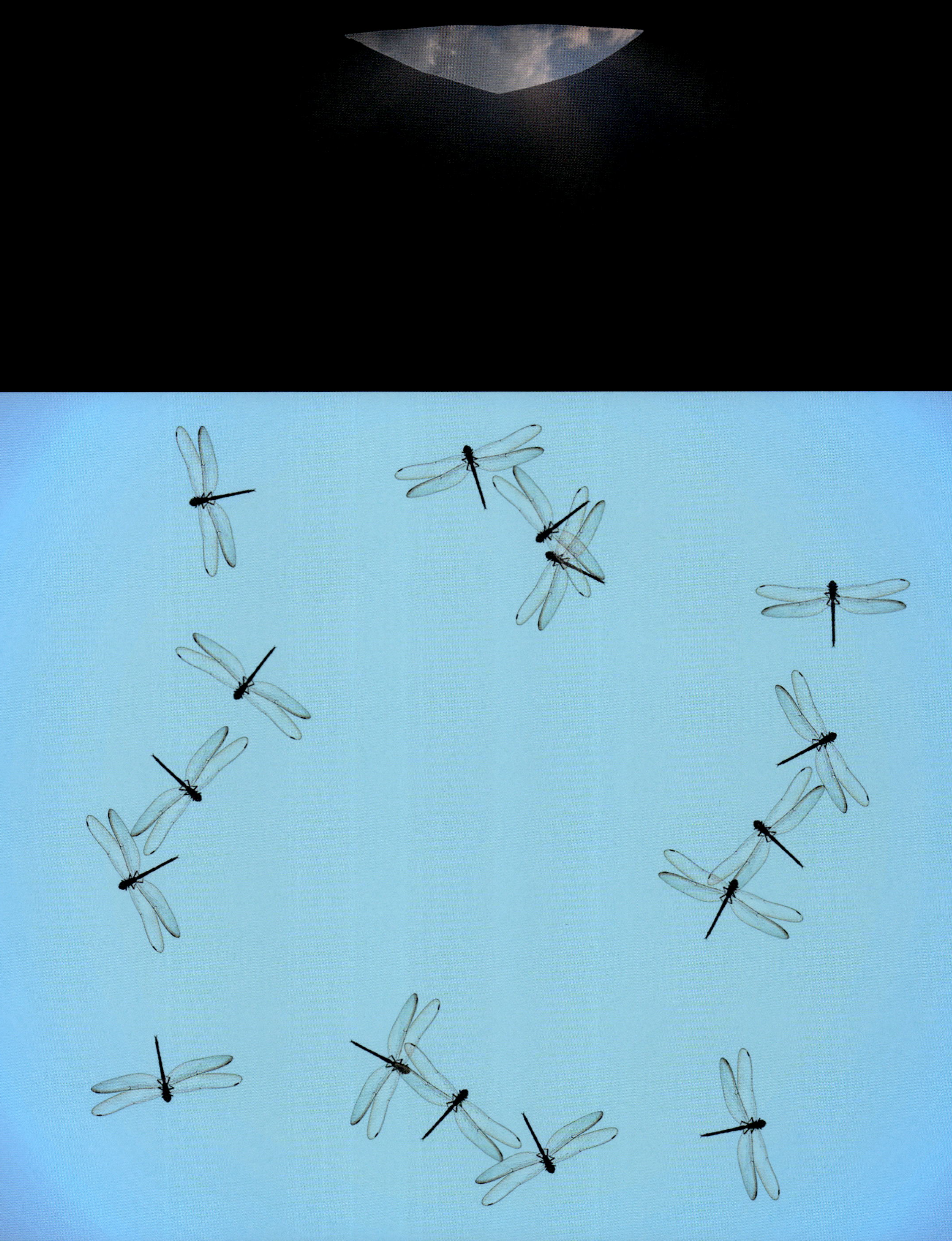

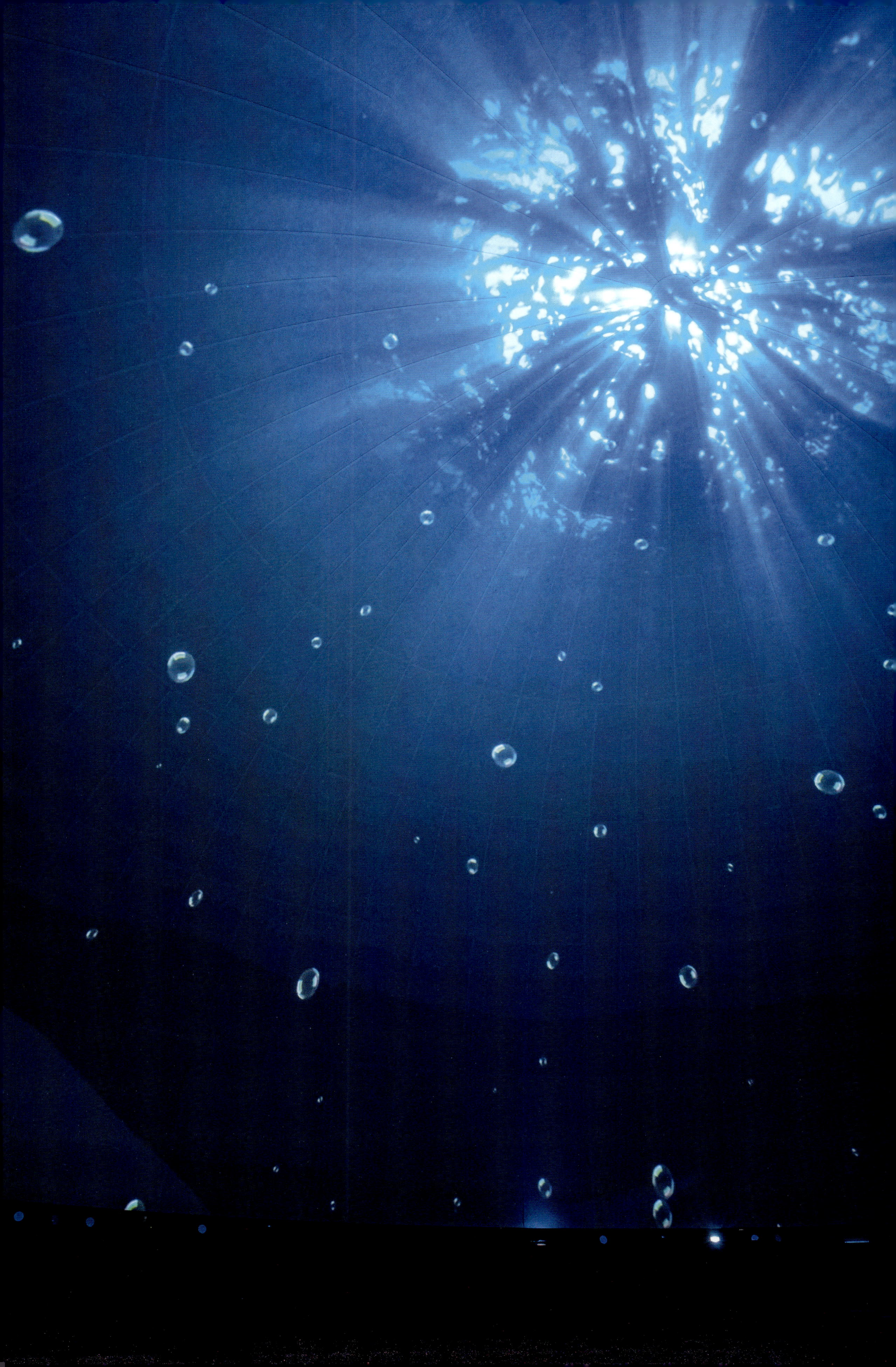

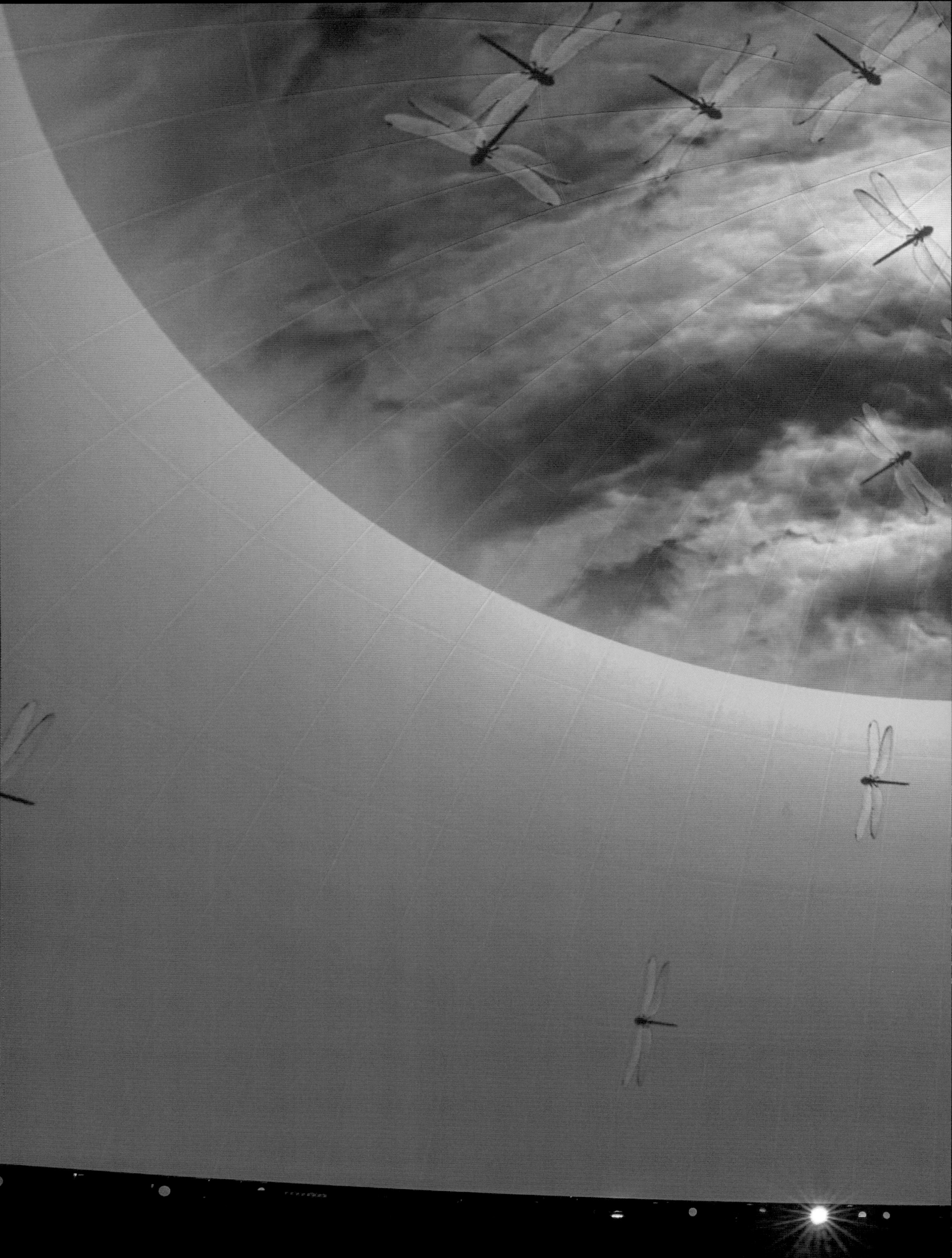

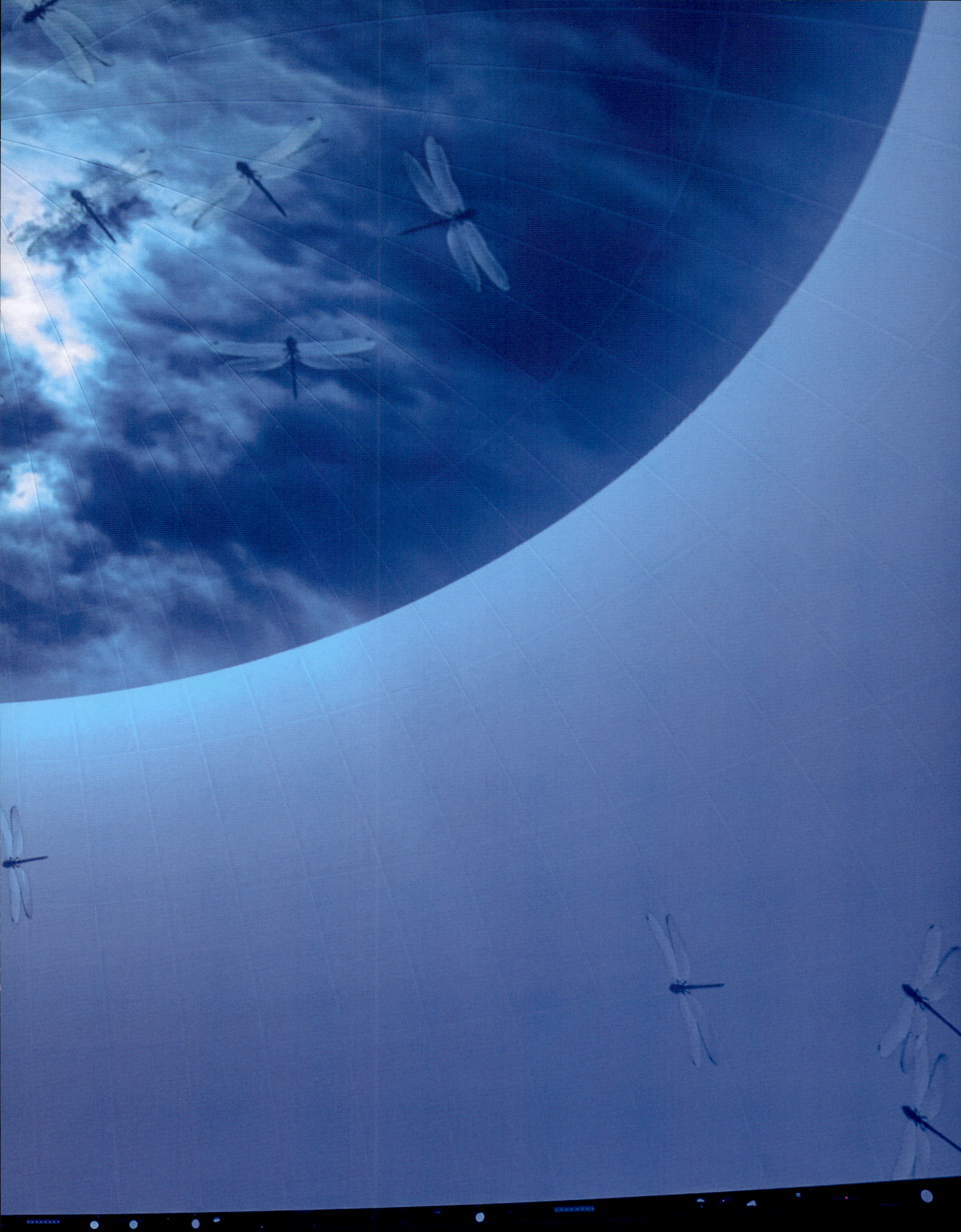

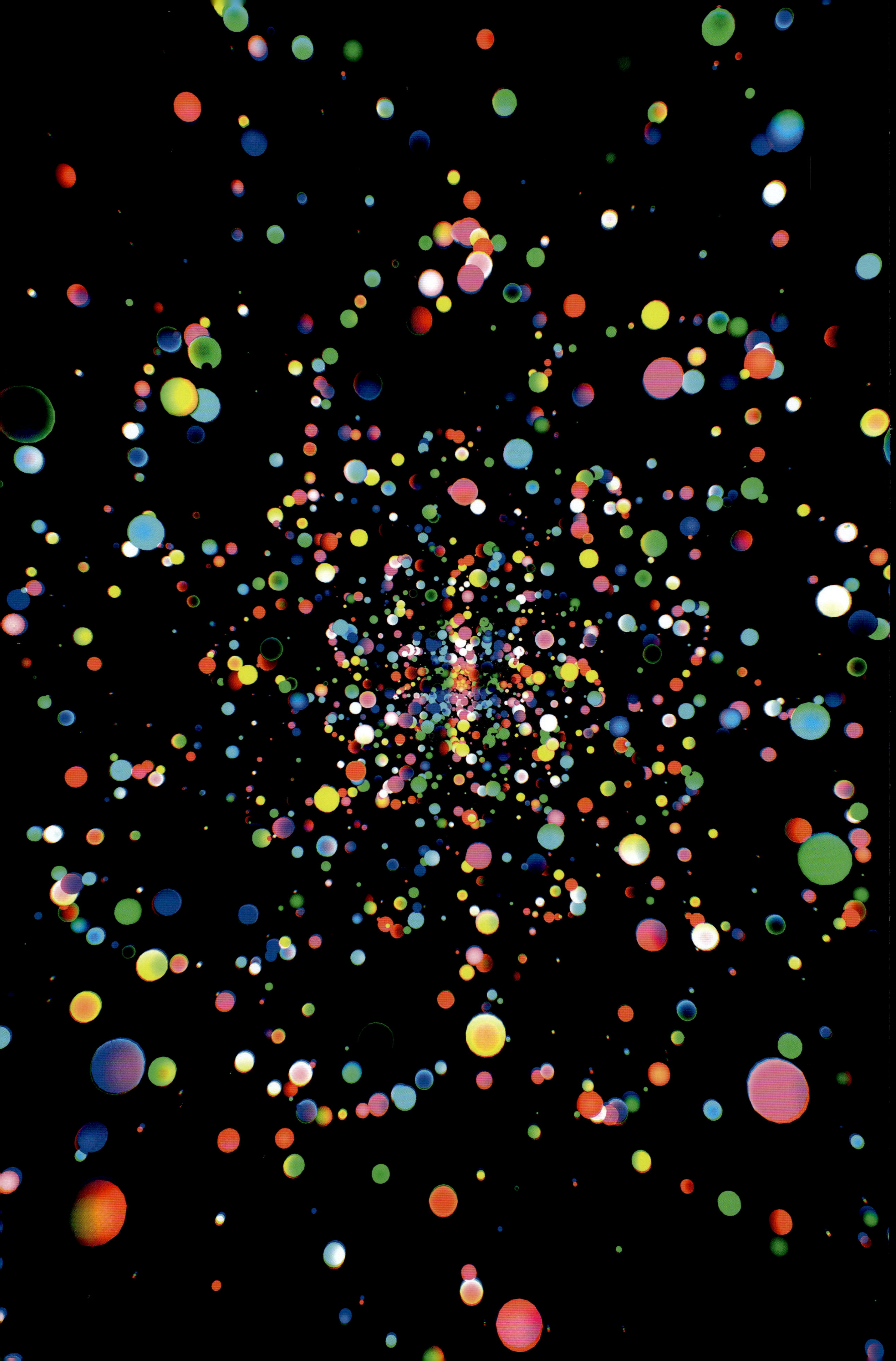

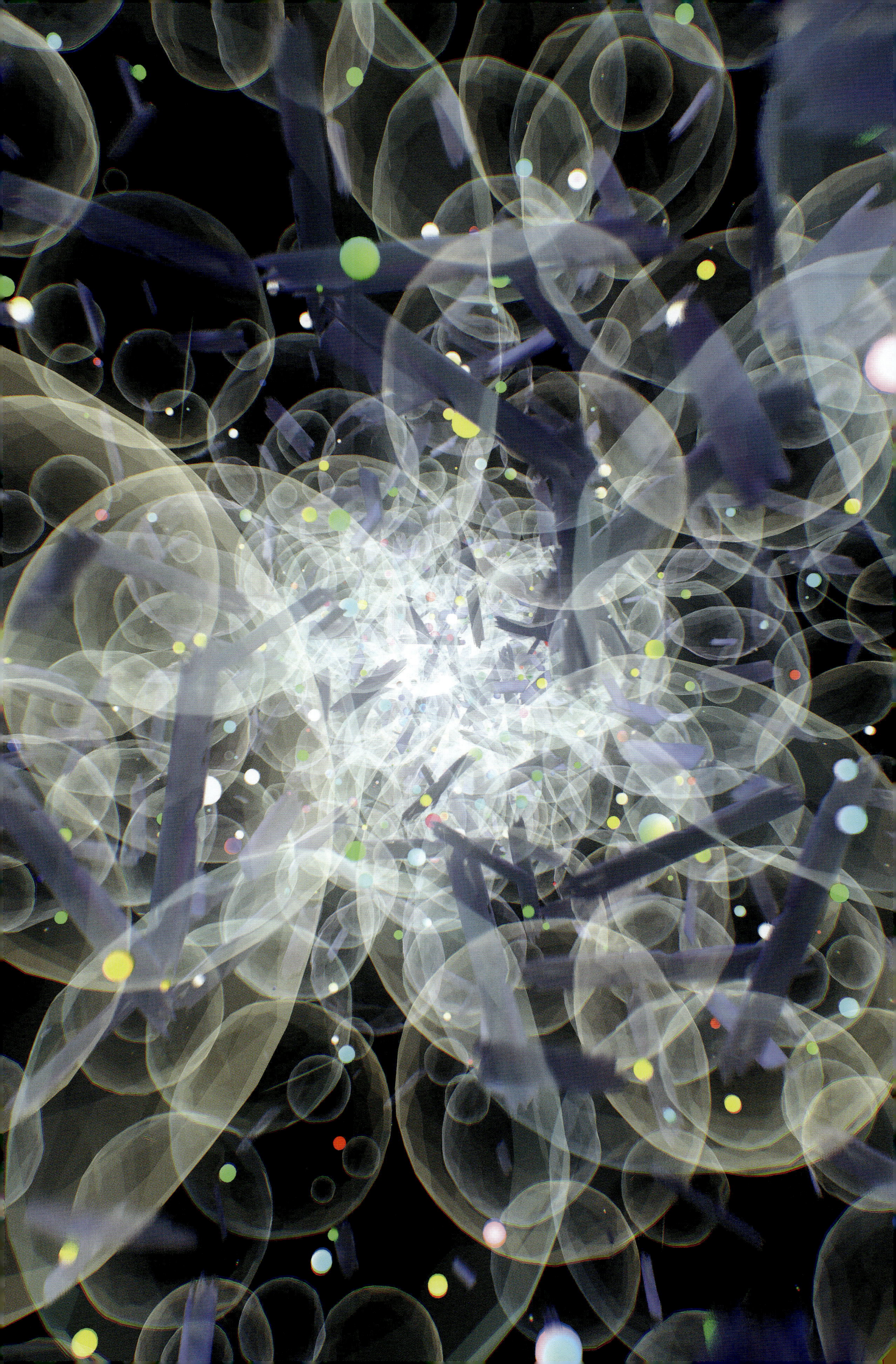

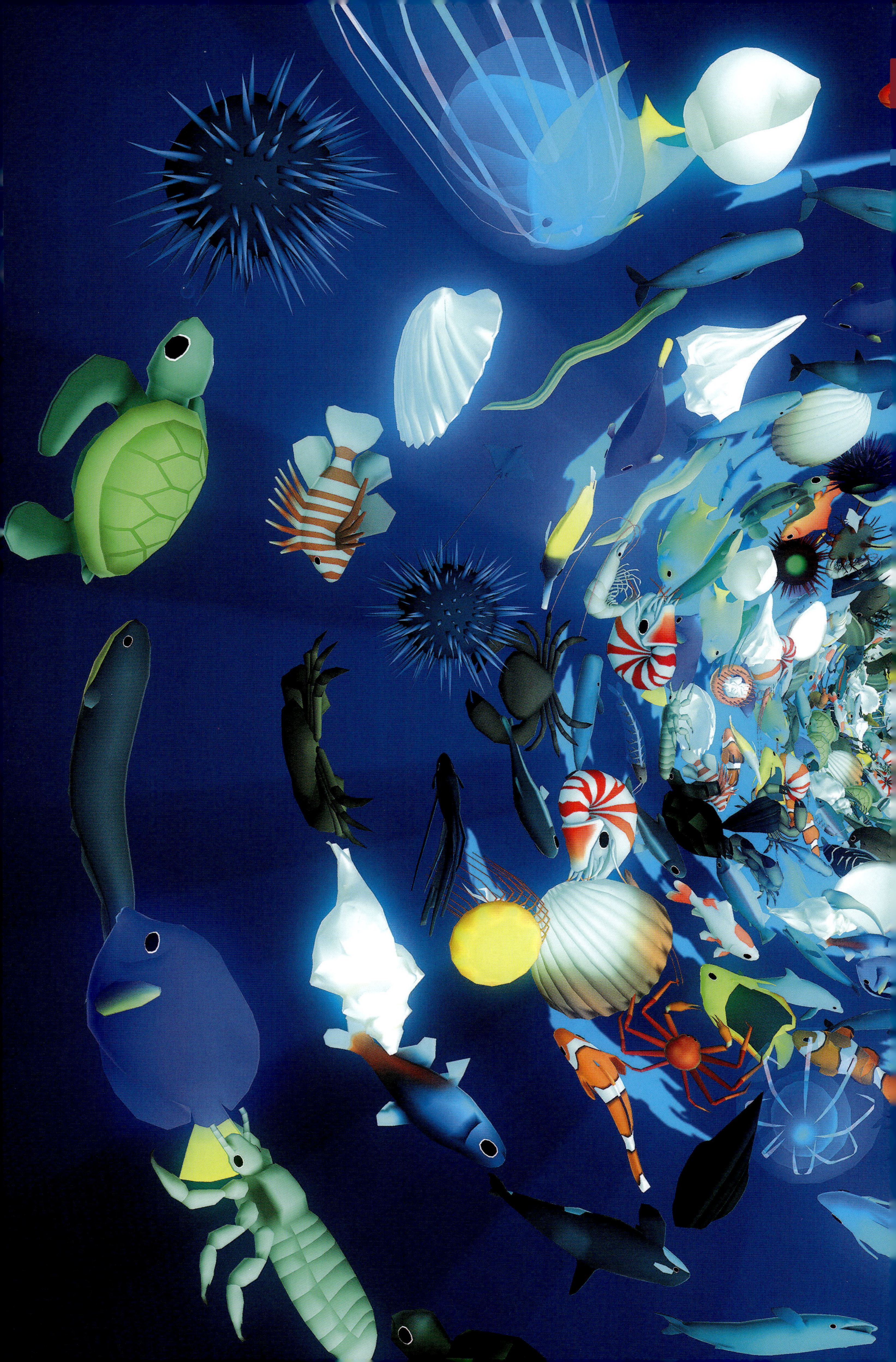

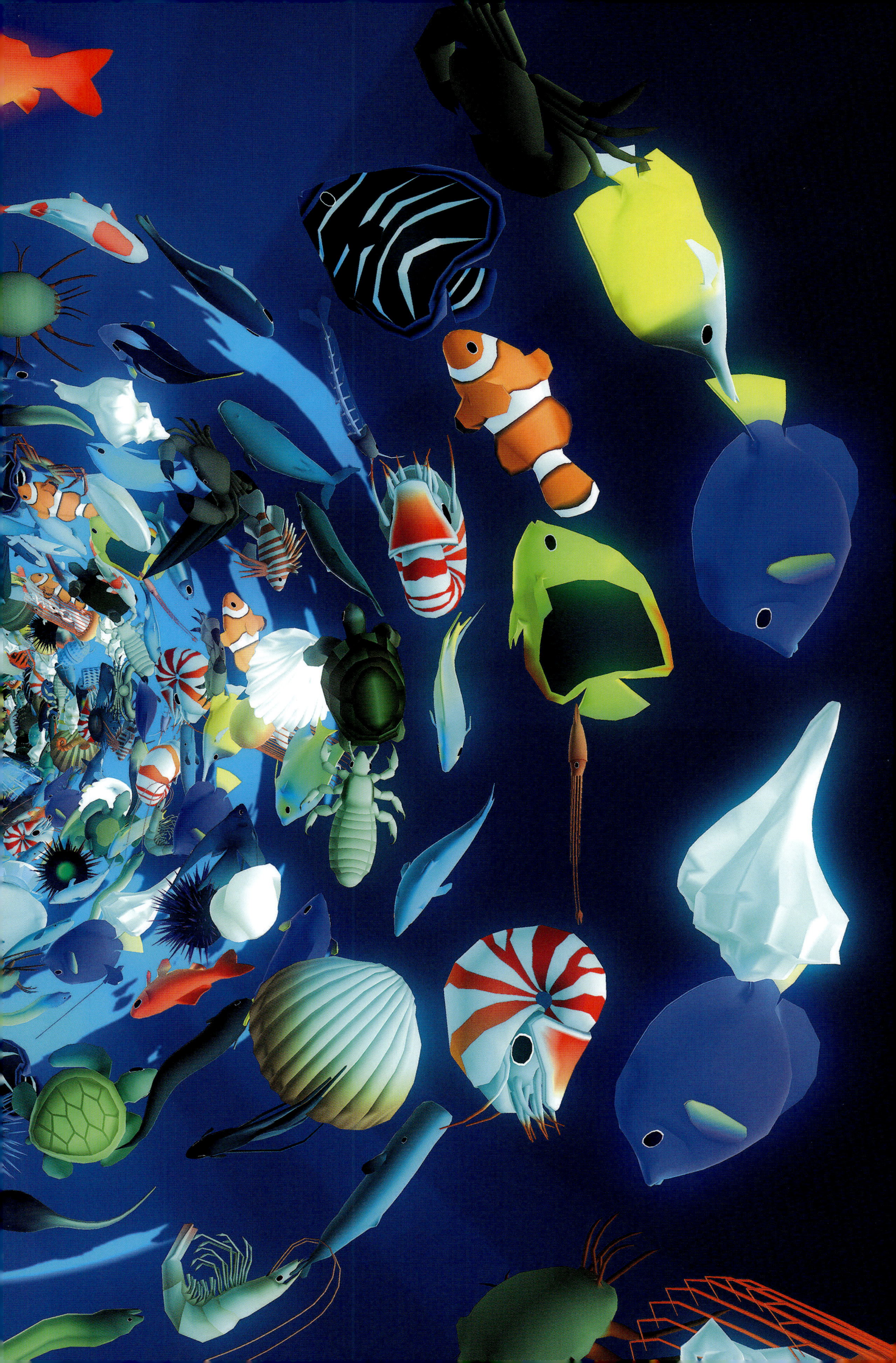

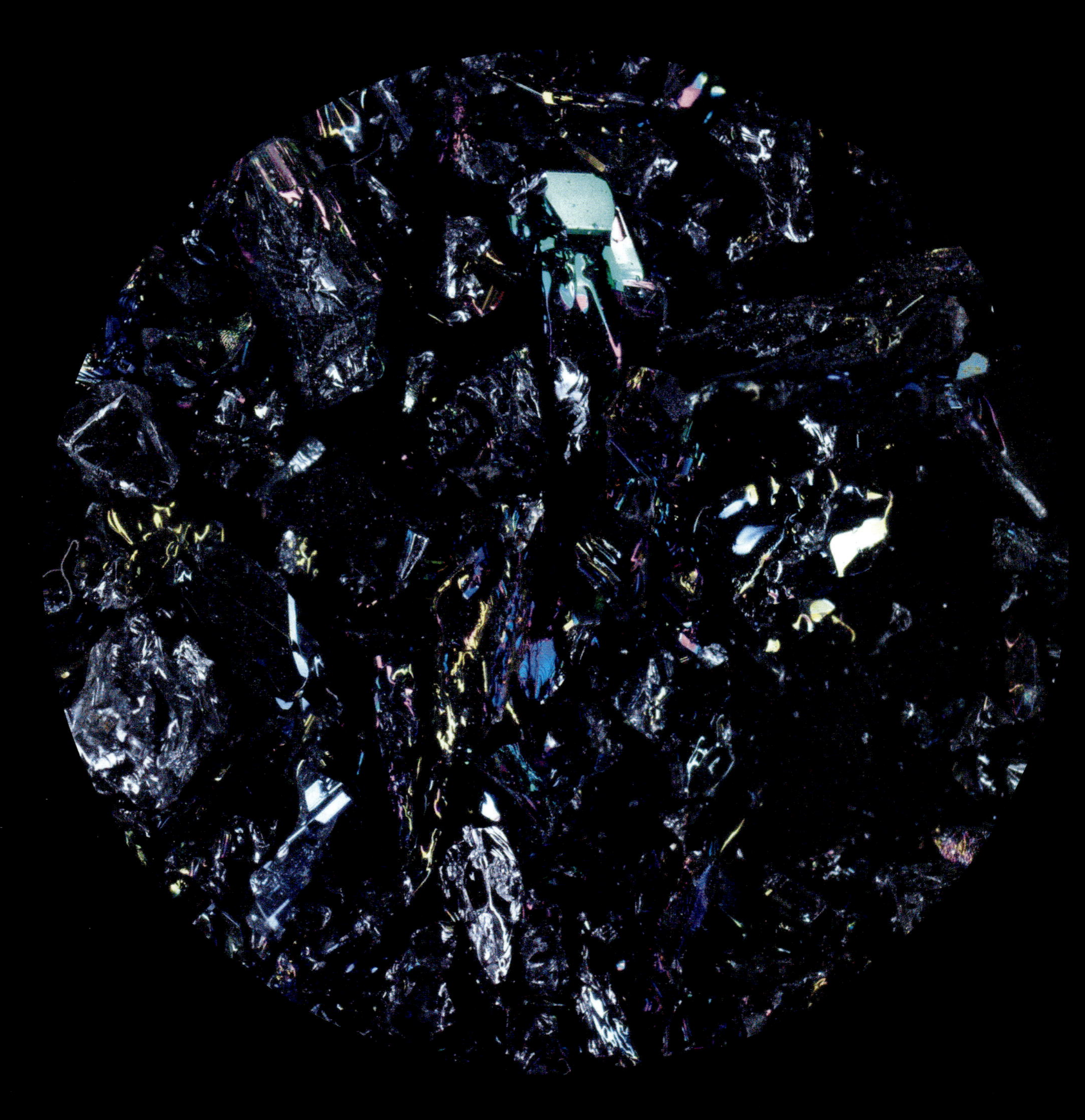

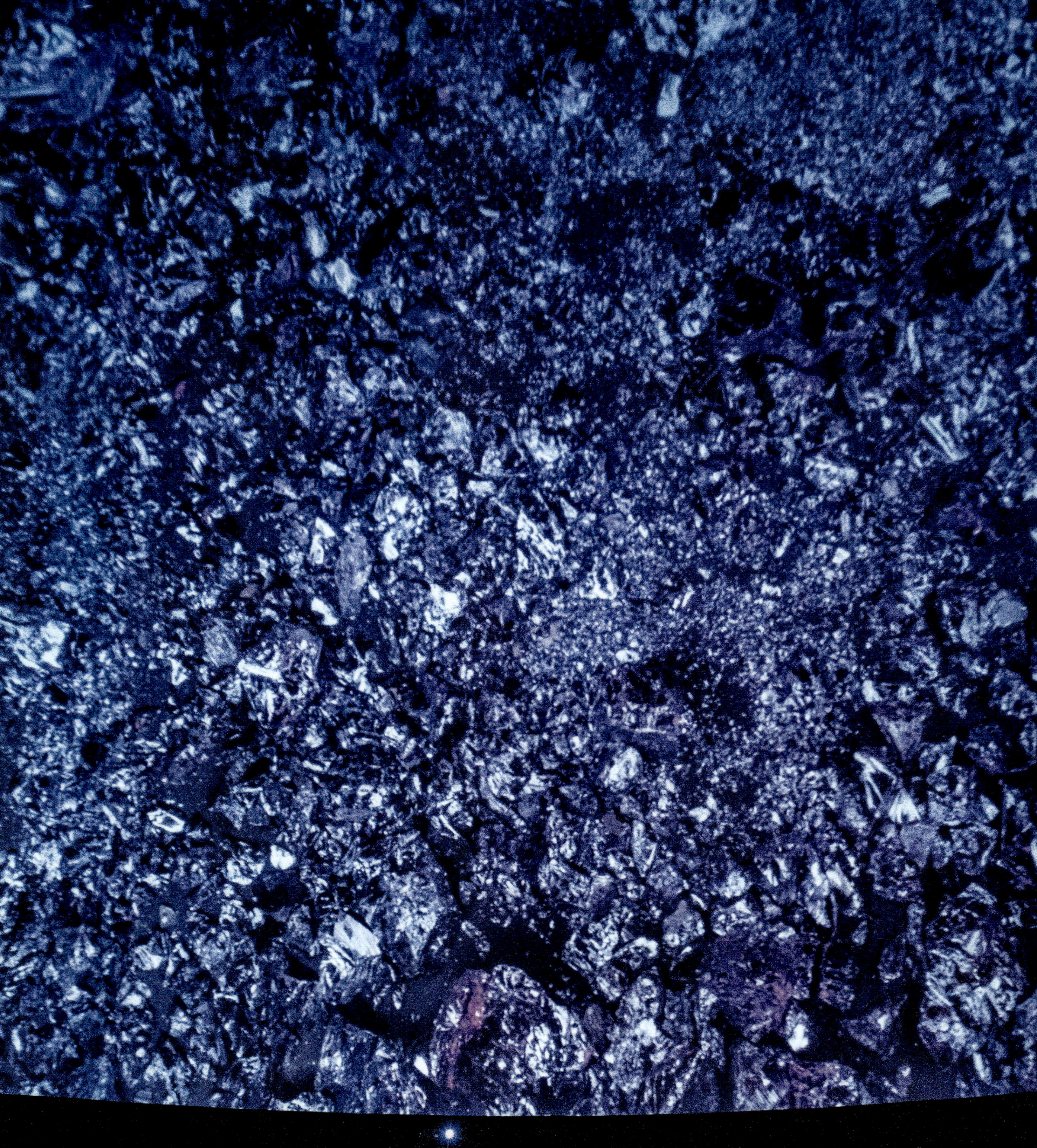

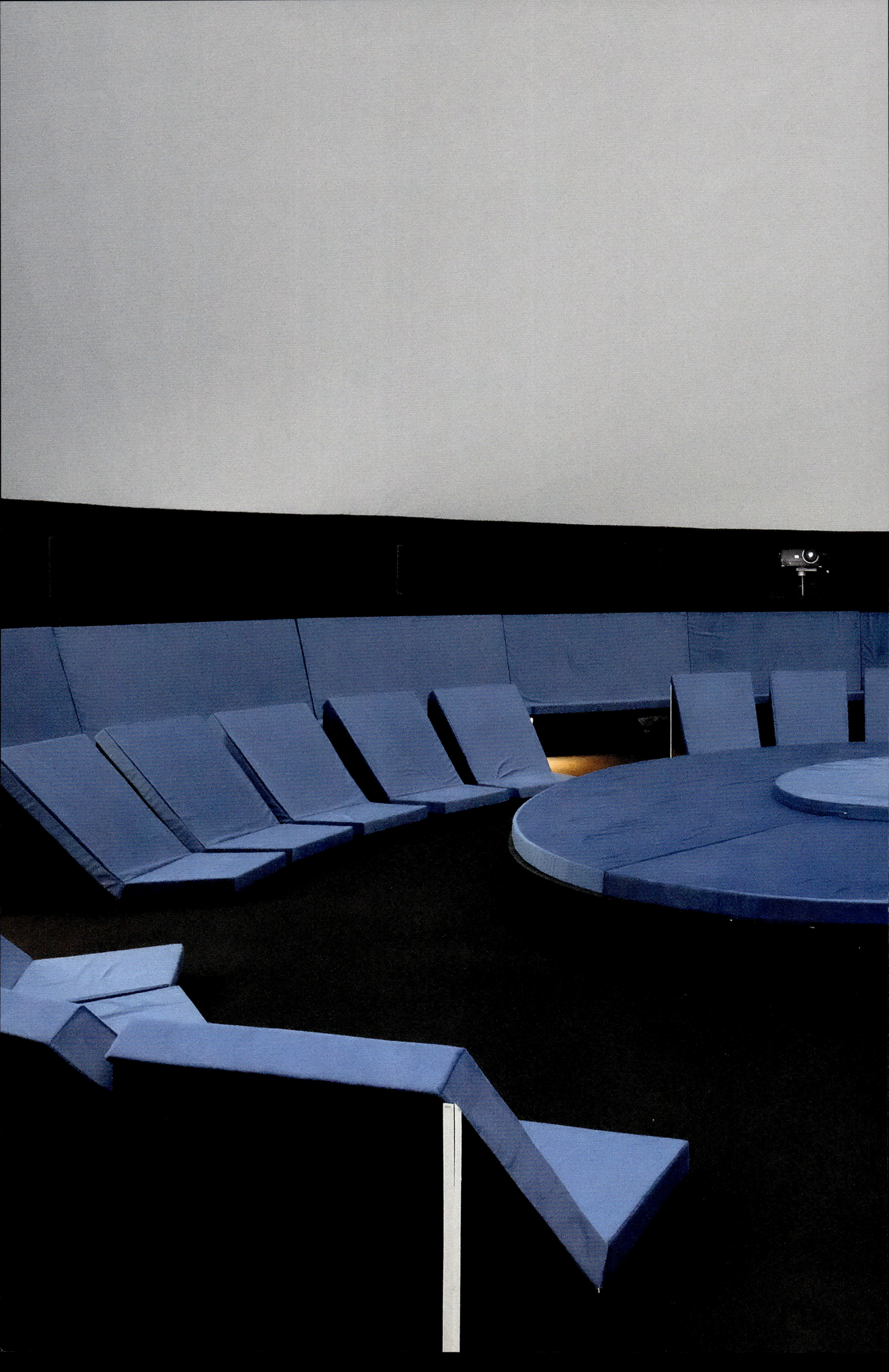

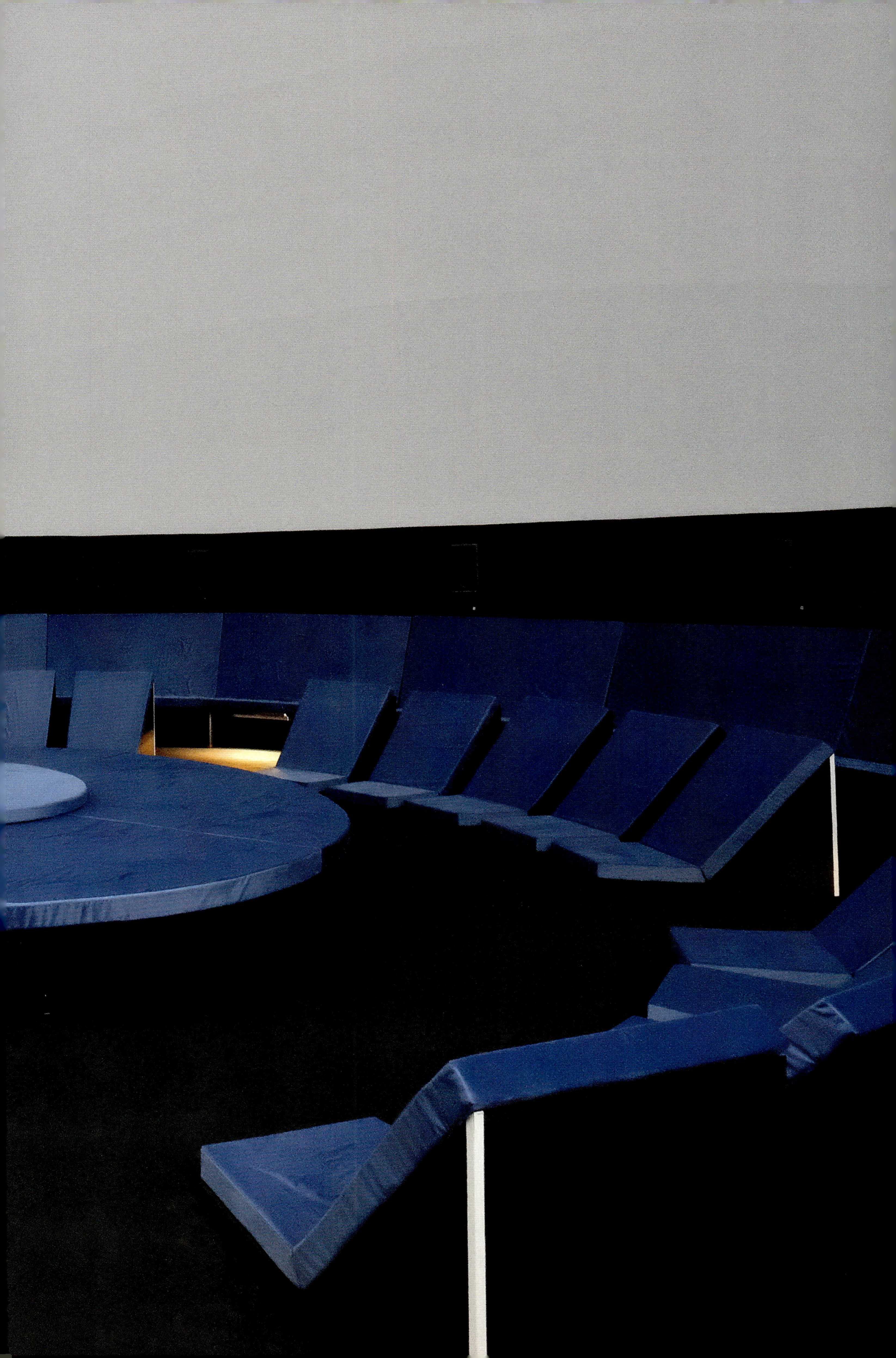

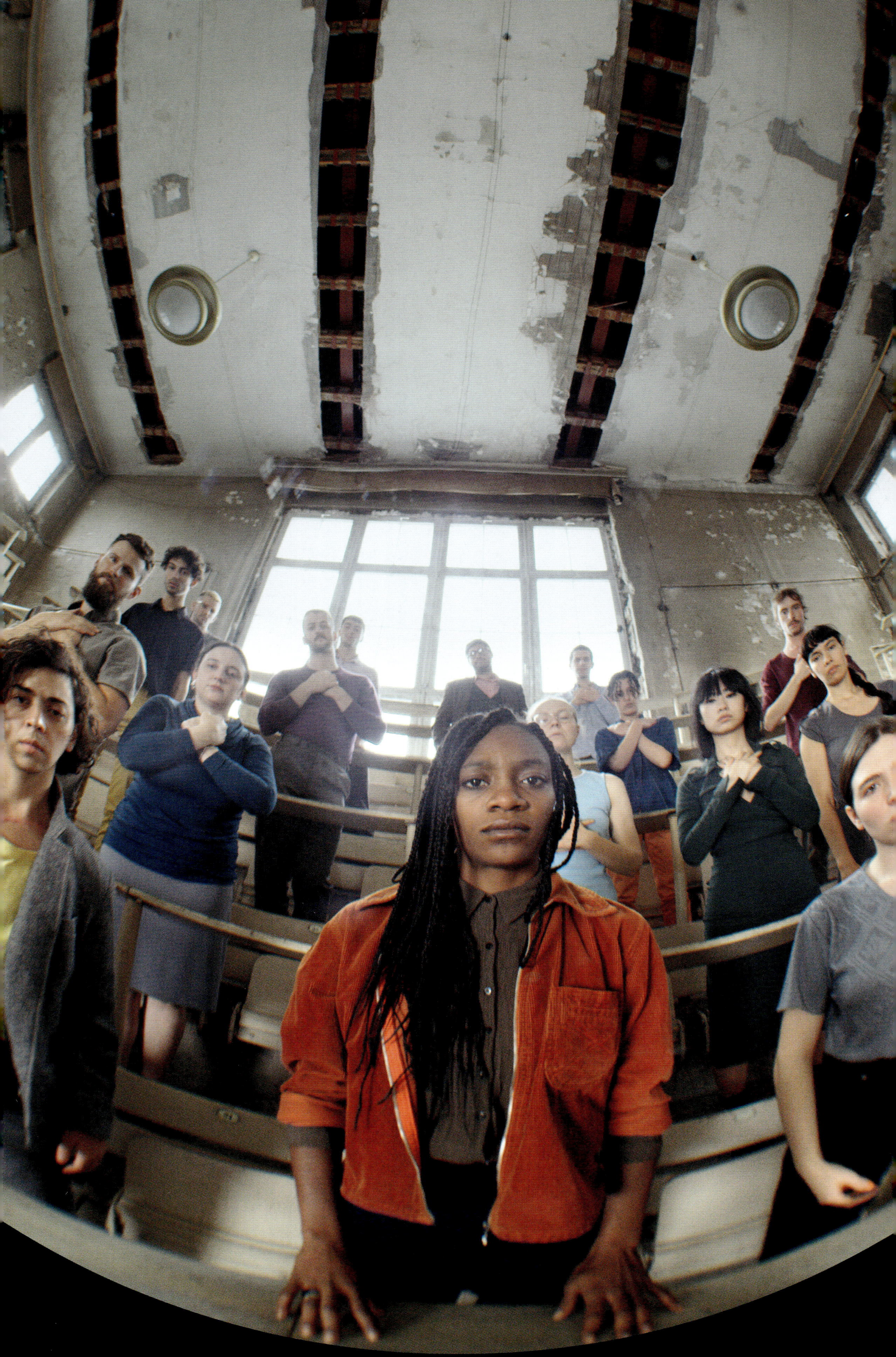

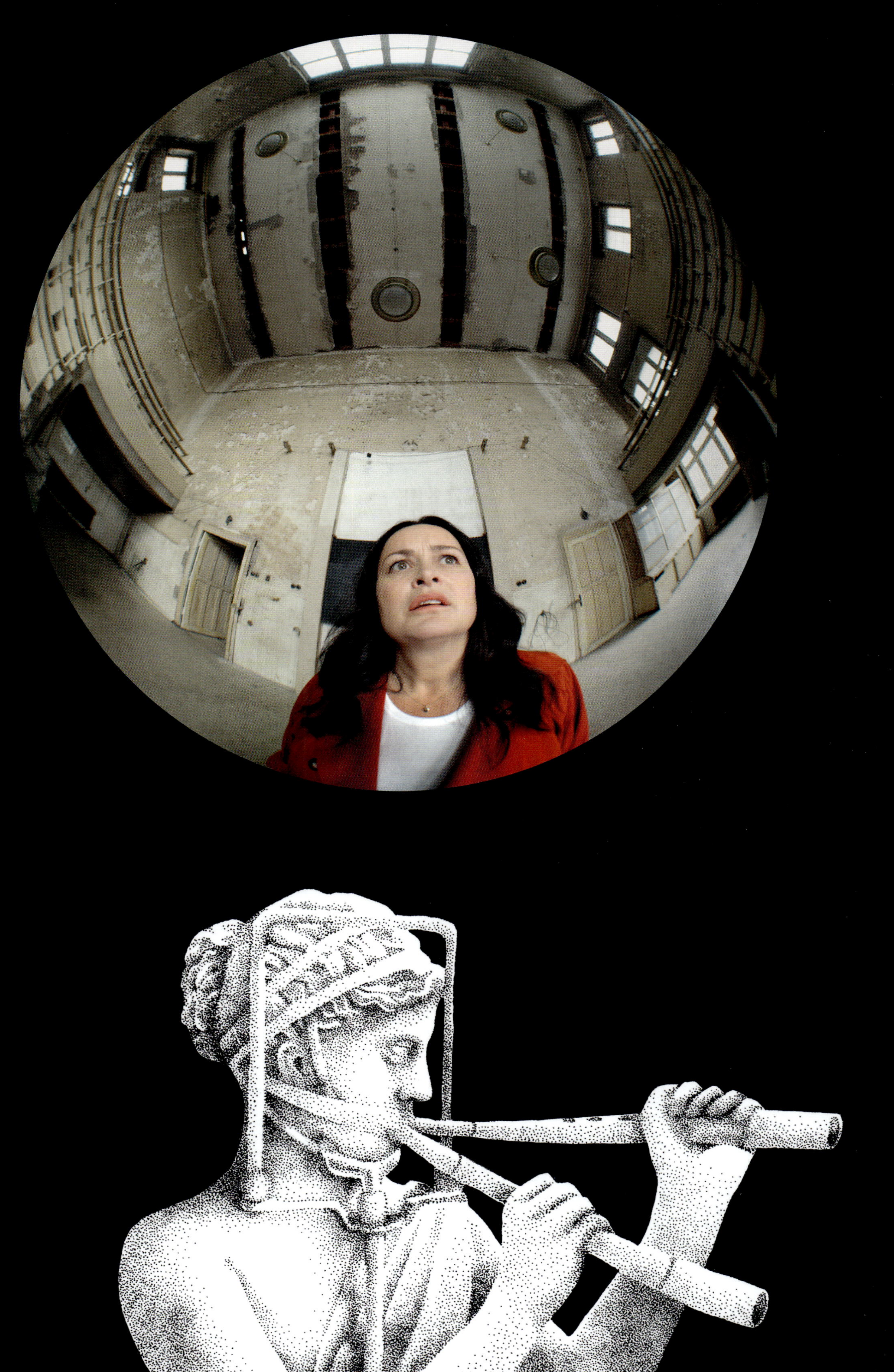

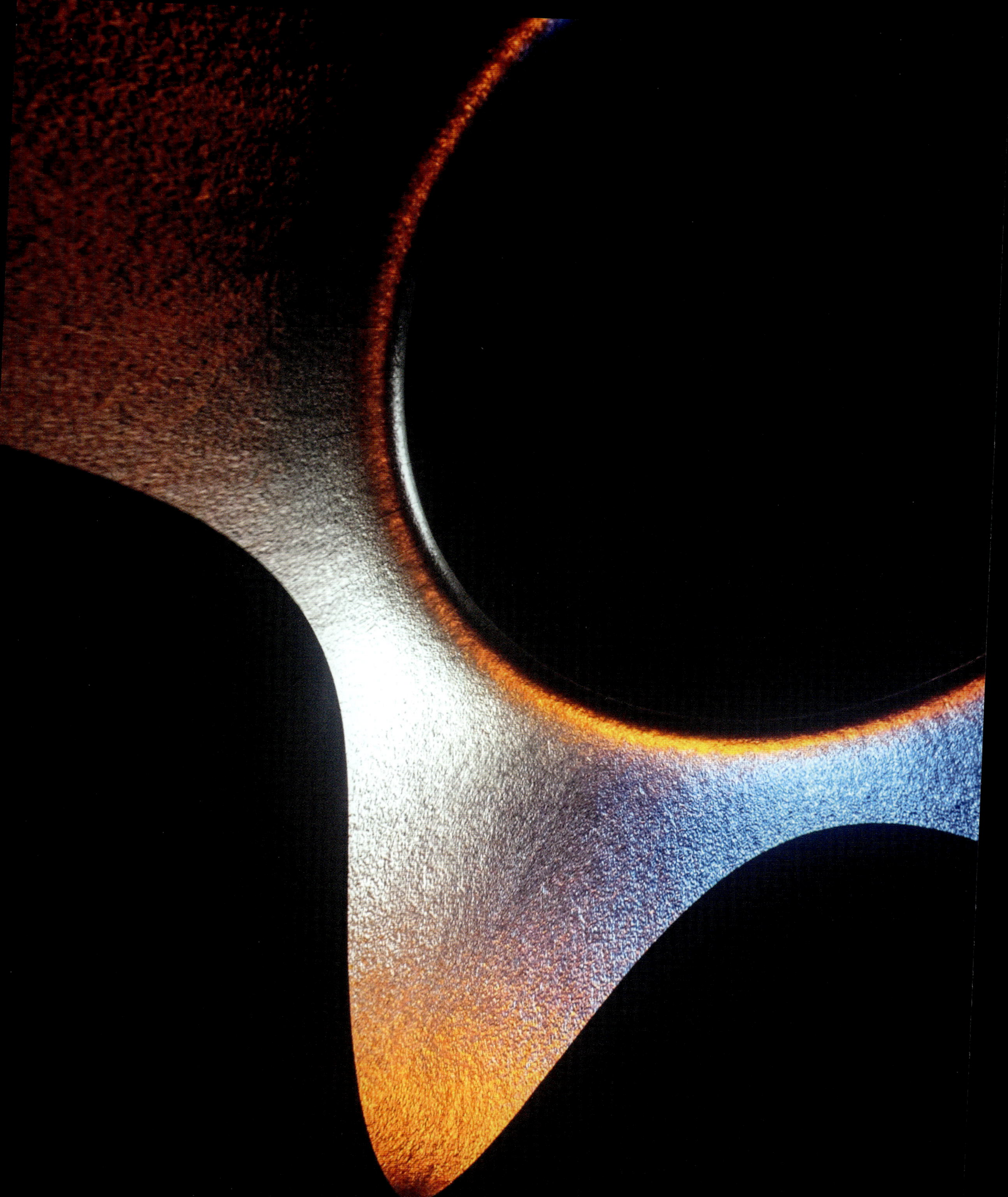

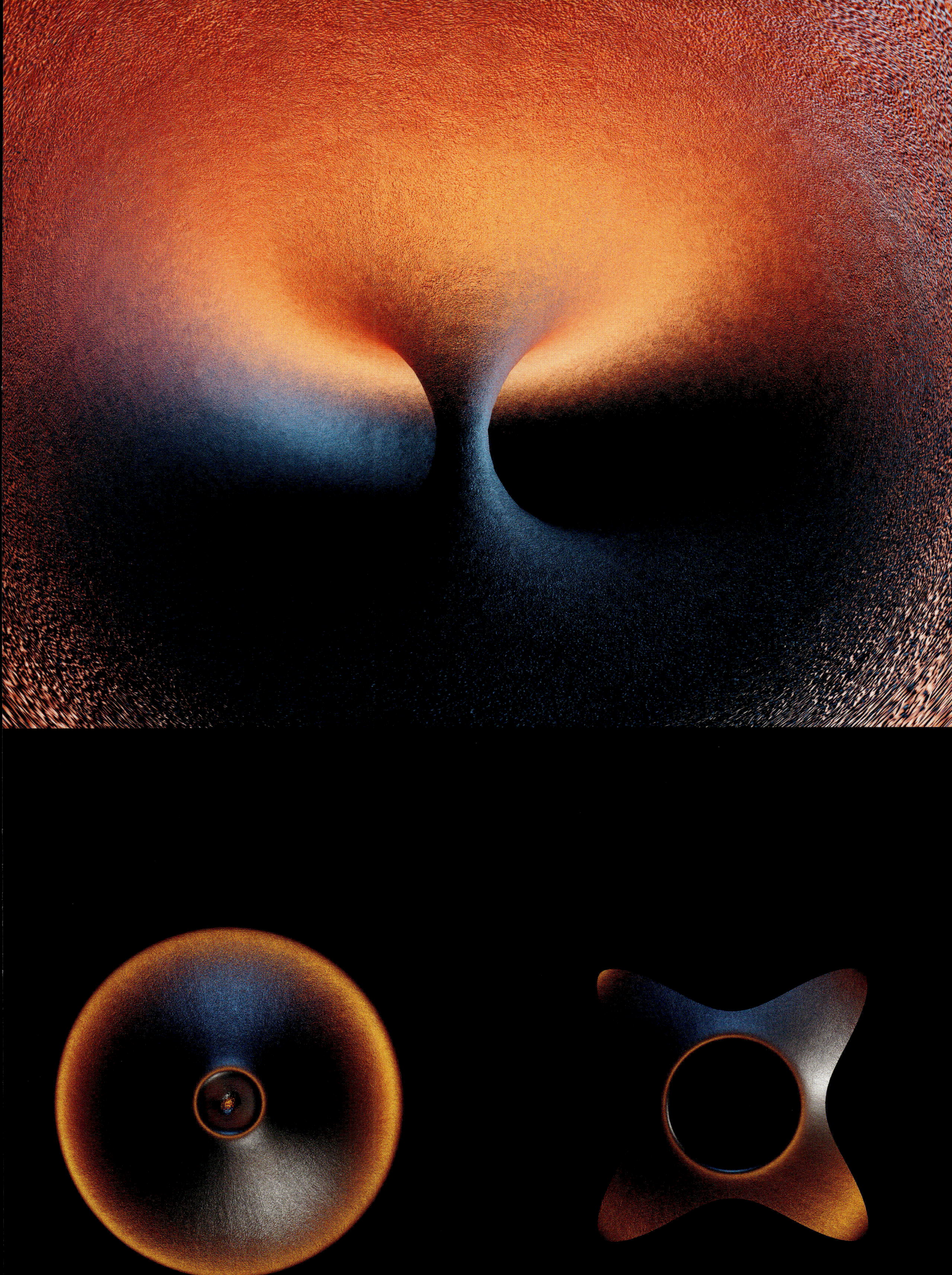

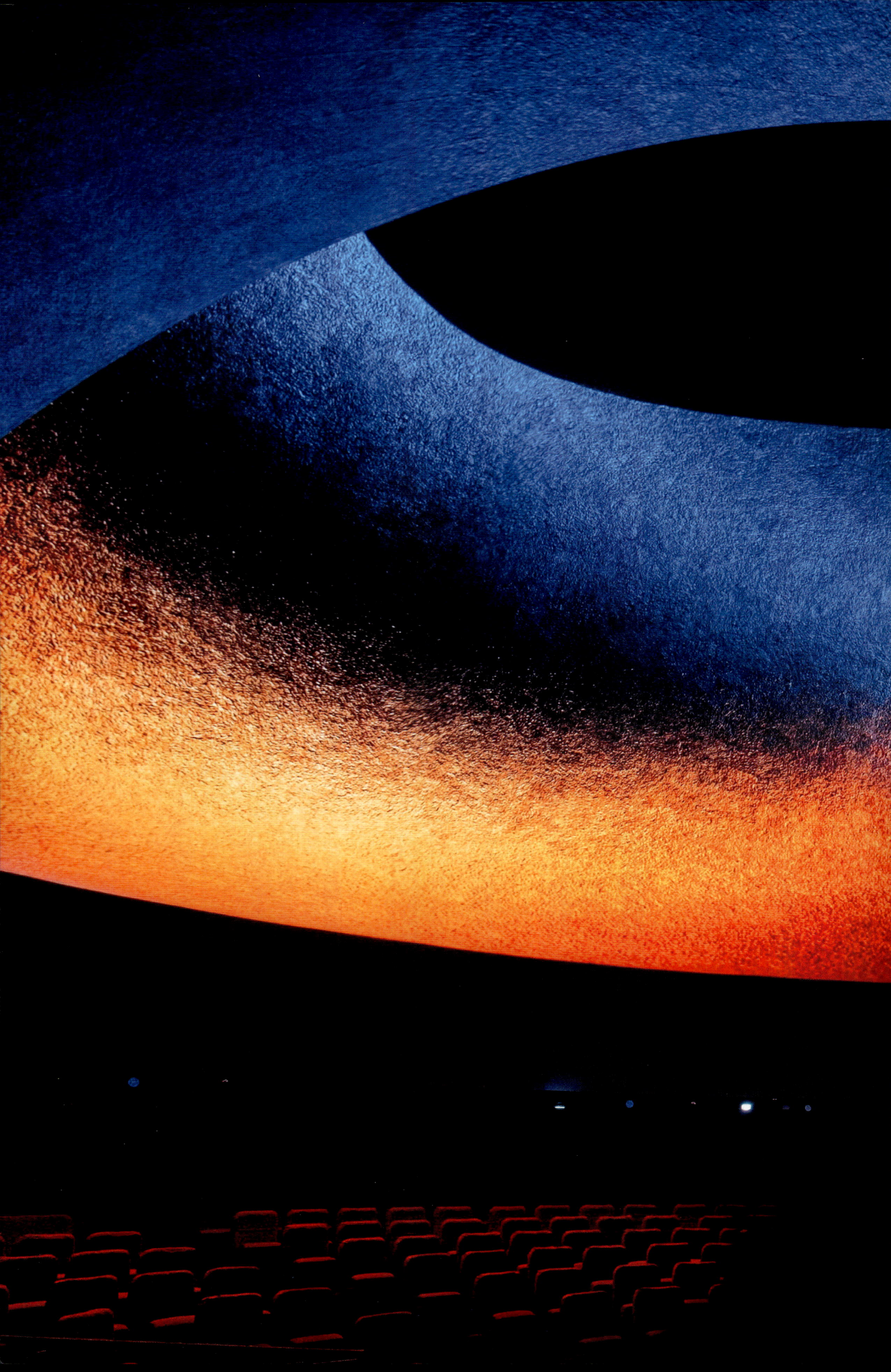

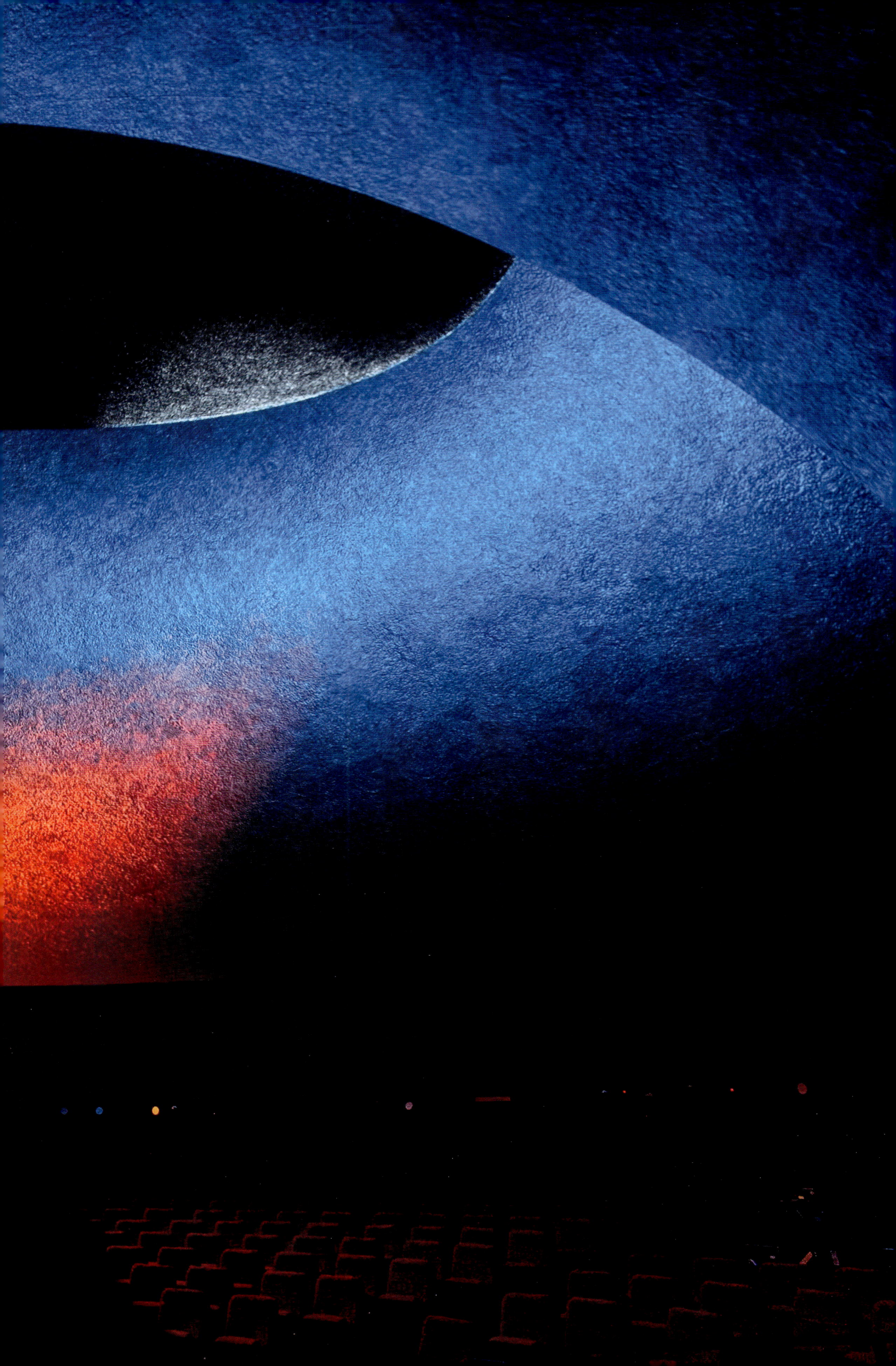

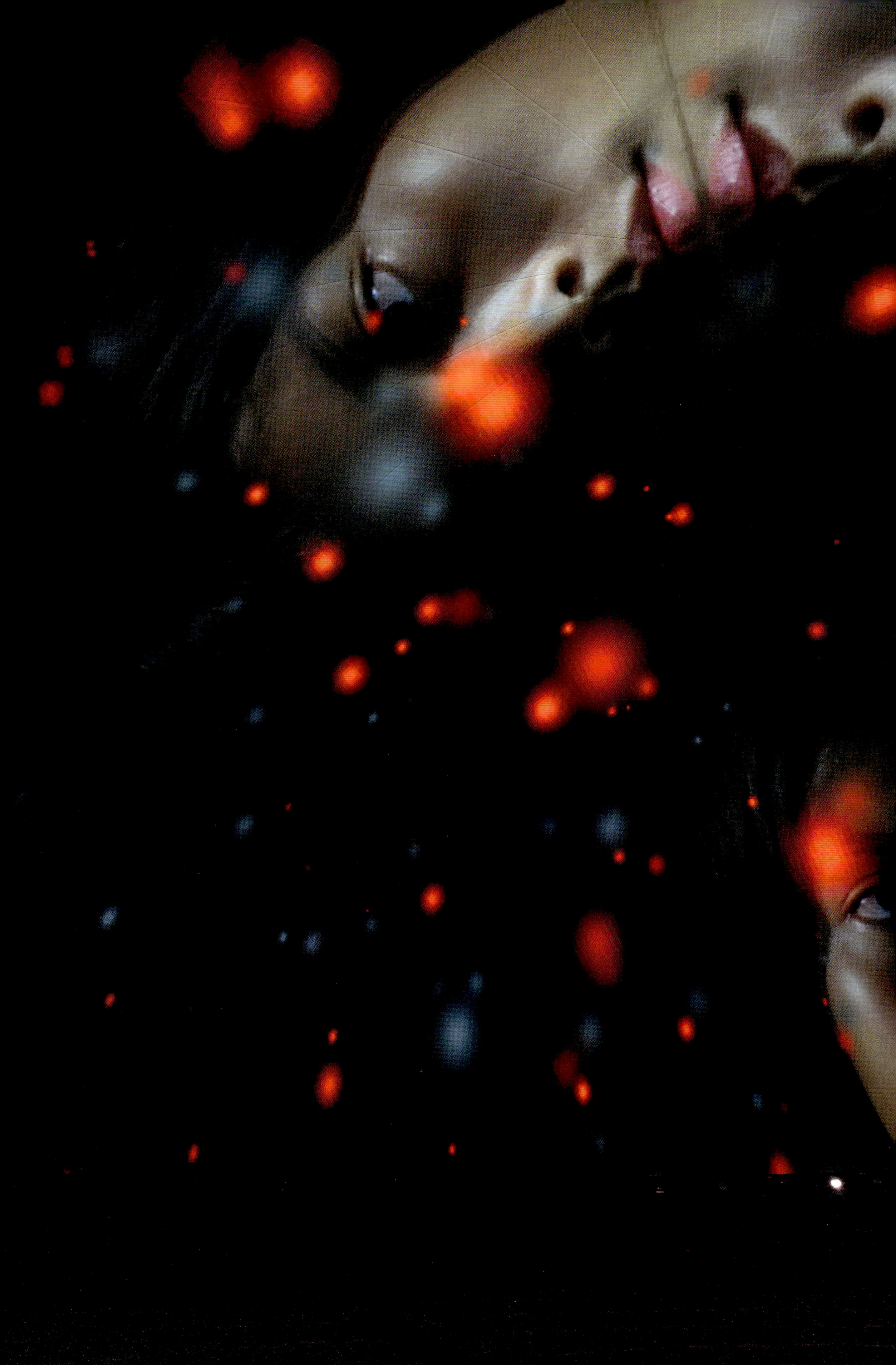

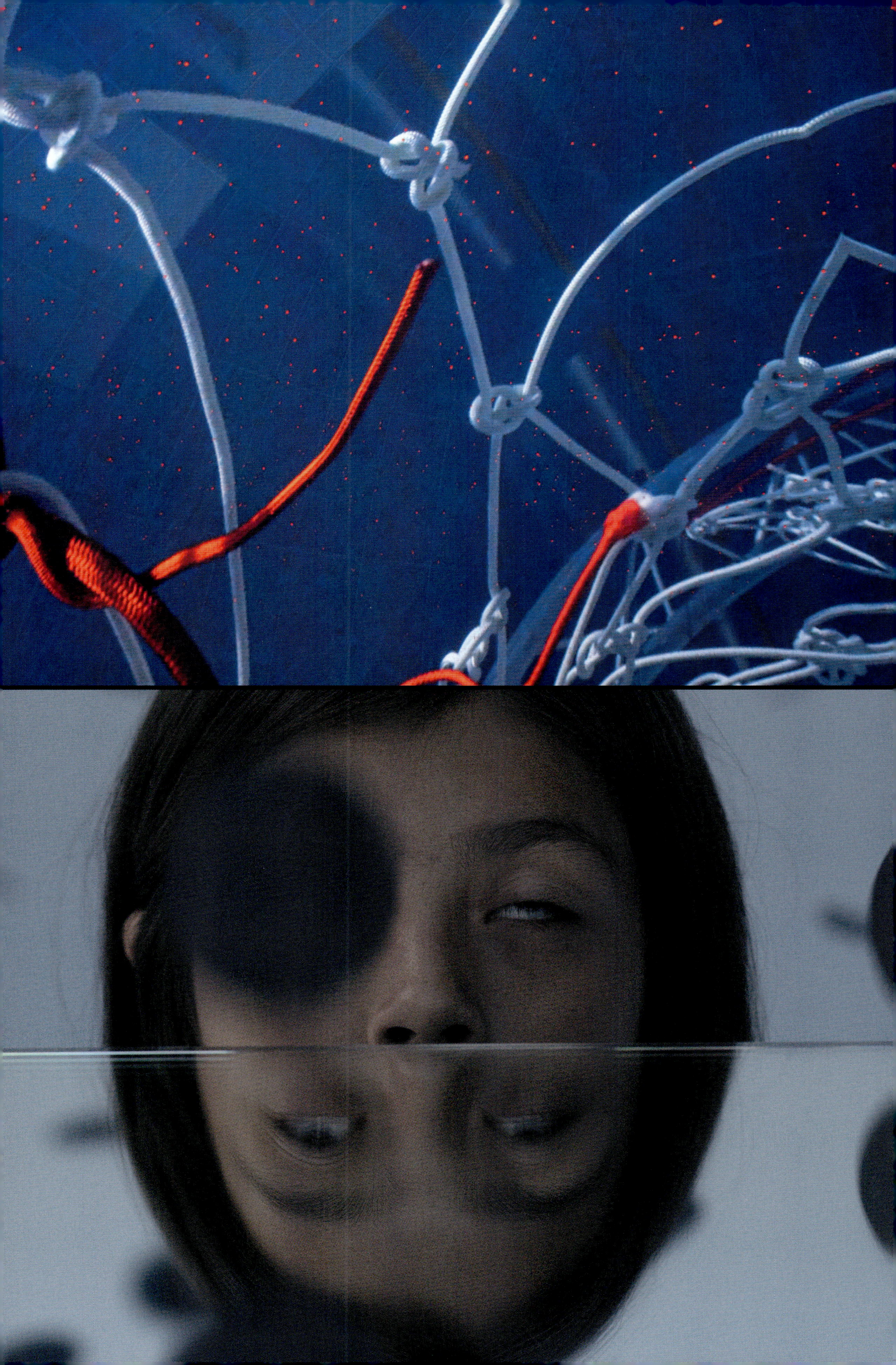

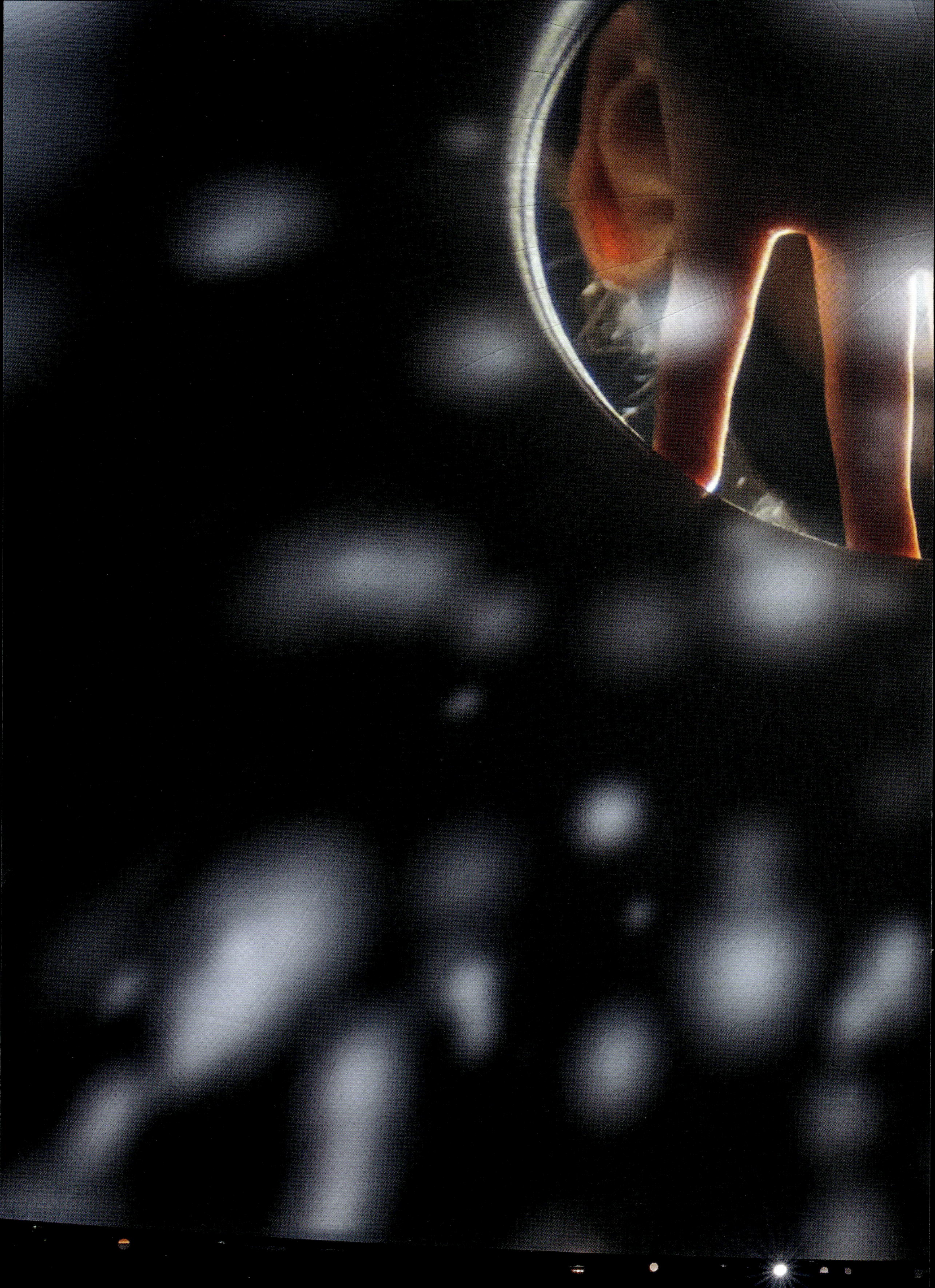

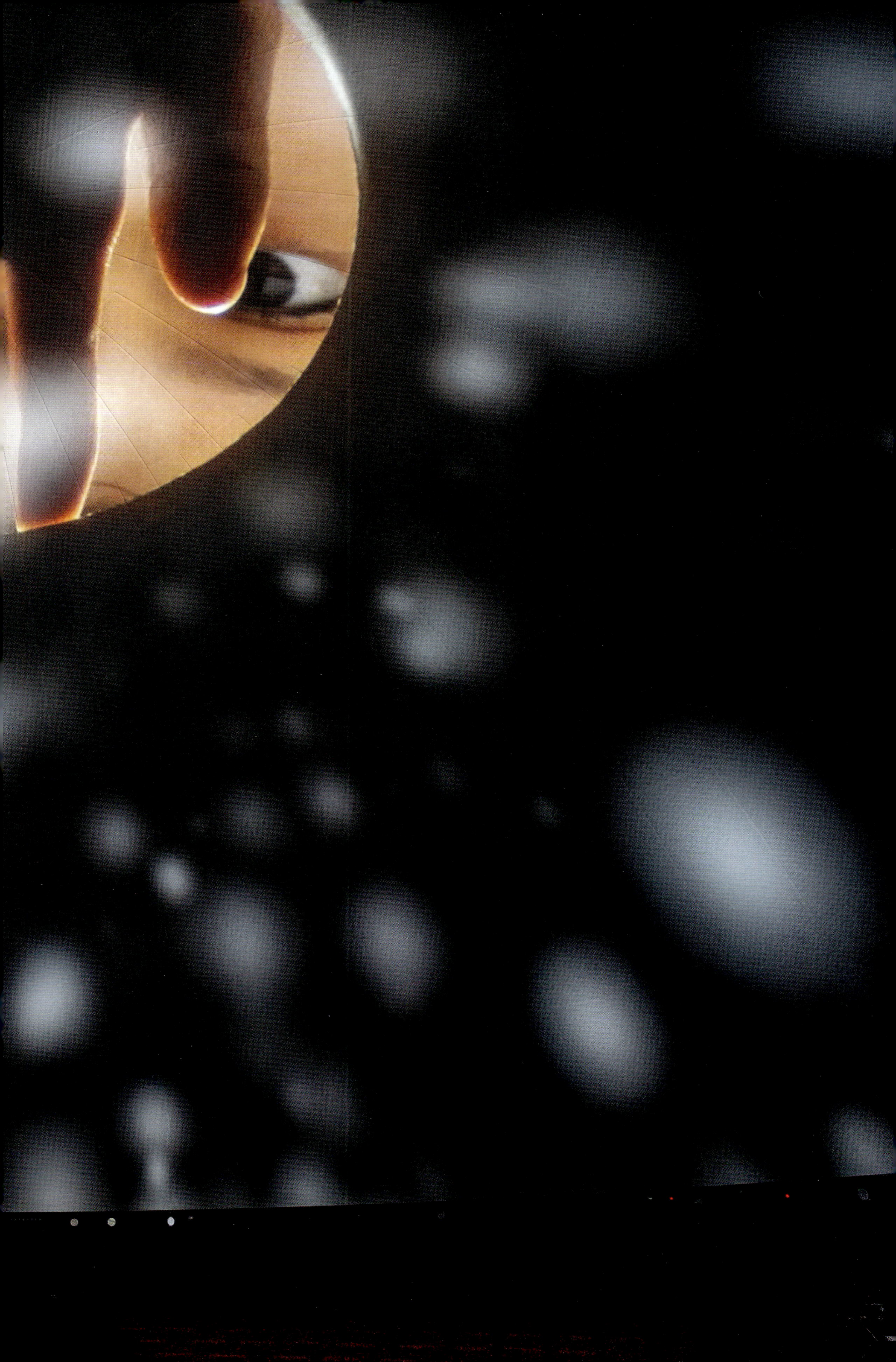

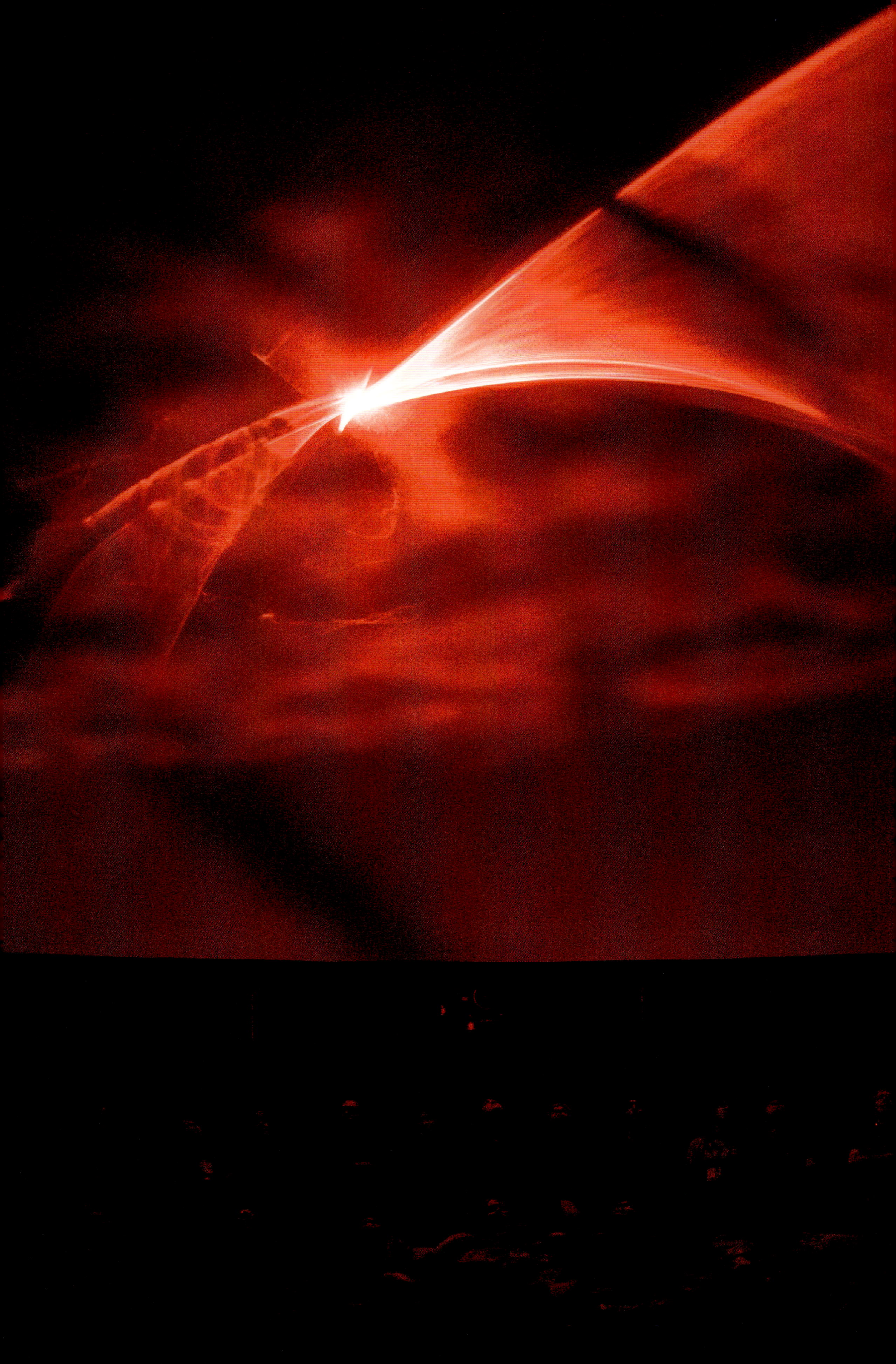

An Architecture of the Dissolution of Boundaries

Thomas Oberender

The Planetarium as a Gallery of the Future

There are few places as immersive as planetariums. A simple star projection already makes the construction of the theatre with its walls and devices seem to disappear. It replaces the space in which the guests are seated with another, a cosmic space. In this setting, the audience in the planetarium is in two spaces at the same time – a physical one and an imaginary one. Planetariums are exemplary places for a reality substitution – the physical world slides almost imperceptibly into a virtual one, which imparts the concentrated presence of another nature in an interplay of light, sound and storytelling.

Situative Spaces

Some artworks are viewed as objects, others more as a process. There are artists who create situations rather than things. They produce things, but feel their real creation is what is experienced as the living cosmos of an exhibition through these objects. For Philippe Parreno and Anne Imhof, the exhibition is their real artwork – the interplay of the artefacts they have designed in an ecology they have curated of things, bodies, light and sound, which generate a living whole, in which more speaks than the objects themselves. They organise an encounter and an experience that does not arise from the distance of the visitors but from their involvement in the piece.

While we confront a painting or a sculpture, we enter into an exhibition. As a visitor, it is aware of me, sometimes, as is the case with Pierre Huyghe, I am even welcomed by name and announced as a guest. The 'fourth wall' of the exhibition – which traditionally prevents the objects and constellations from reacting to the visitors, instead rendering them dead through an invisible wall – is dissolved in these works. This is still very rarely the case at the planetarium – here, too, the programme presented is a closed script that does not envisage feedback from the audience.

Nevertheless, the planetarium almost always functions as an intuitive experiential space that all of a sudden changes the reality of a situation through its immersive form of presentation. The aesthetic object comes so close to the observer because it completely surrounds him or her. Here, it is the stars that move and not the visitors. Unlike at a museum, the things come to them, and from all sides. Because of the enormous, tableau-like and deeply open environment in a planetarium, we see the forest but not the trees, the universe but not the star, and this gives us information about our own location in the middle of it all.

As the digital age is based on encounters between the actors rather than an addressing from the top down, as is typical for fixed narrations and hermetic presentations, the artworks of this era are generally space-creating – they establish audiovisual ecologies into which we immerse ourselves and into which we orientate ourselves seemingly freely and at our own discretion. The gaze is hardly guided in a planetarium since the fourth wall of the 'exhibition' has no place here – the artificial nature of the picture is all-embracing and reaches to the floor, where the ground on which the visitors stand becomes the apparent foundation of the image, and turning the image generates dizziness. The digital age is feedback-oriented – the situation is not closed but the result of an encounter: It is not the either/or of zero and one that makes up this age but the uninterrupted transfer between the one and the other.

The mechanical age was one of the written word. In written language, knowledge was able to wait for its time – without feedback, without adaptation. Each monastery and, later on, each large library is a reservoir of time that holds the information of the centuries and millennia on call. The culture of writing is that of the transmitter – each script has its master. In the digital age the masses are more knowledgeable than the individual. In the digital age, it is not texts that are interpreted any more; instead, reality itself is scripted – what 'reality' is, the surroundings of a screen surface or an airport building is the result of a form of calculation that brings forth a flattering, inviting surface. It reacts to all of our actions, modifying itself accordingly, and learning from our behaviour just as we learn from new symbols and signs pointing towards other gates, other paths. These scripts react to the feedback that is recorded and sent out into its surroundings in real time. The digital age is one of real time.

These scripted realities that react 'sensitively' to the many changes within their system are controlled by protocols. They generate settings in which I can move within my artwork – like in a computer game. All of the different levels of sensual perception and our encounter with symbols and knowledge are modified in real time through these programmes and artists such as Ian Cheng and Jon Rafman create digital systems that, based on their algorithms, continue to develop autonomously, that 'live', 'grow' and constantly remain 'alert'. For them, planetariums are the perfect biotope.

Here, the artwork is no longer something definable, but a flow of the most diverse sensual experiential levels and symbols that become the surroundings. As a visitor I stand in the middle of it and am immersed in the work's technological and artistic world bubble. This is why the infrastructure of the planetarium is such a precious environment, because the world building of contemporary art can only be given a community space here – a kind of passenger compartment to other realities whose system I can experience in an embedded and increasingly interactive way.

Experience Machine and Decision Theatre

The artistic work of the American avant-gardist Stan VanDerBeek was the beginning of the new media art and digital culture. He was a pioneer, visionary and researcher in the transitional area between new technologies and art who, brimming with fascination, experimented with the new possibilities, offered by computers and modern telecommunications. VanDerBeek is primarily remembered as an experimental filmmaker on account of films such as *Breathdeath*, which was filmed in 1963 and strongly influenced Terry Gilliam. Since his multimedia environments – which were a further development of the idea of the panorama and a total media theatre – no longer exist today, the main thinking behind his work has been neglected: understanding art as an experiential field that is not primarily connected to things or technologies but is based on relationships – between images and sounds, satellite images and live commentaries curated in real time. It is precisely this early and visionary orientation of art production towards spaces, which generate feedback and create holistic environments that in hindsight makes his oeuvre so visionary.

Stan VanDerBeek, who studied art and architecture at Black Mountain College, built the prototype of an experience space in 1963 from the components of a grain silo in Stony Point near New York, which, set up in many places around the world, was later to form a network dedicated to a new form of communication and global understanding. He called this prototype the *Movie-Drome*. It was a large dome situated in nature that was entered as a venue through a trap door in the floor, much like a panorama. In it, several film and slide projectors generated an unremitting stream of images either joined together or mixed. Visitors lay down on mats on the floor, their feet pointing to the centre of the space, and looked at a continually changing collage of images surrounding them from every angle. No one watched the same film, since such a film effectively did not exist. Rather, the performance consisted of a flow of images and film parts that were never fixed and which VanDerBeek had produced over many years. The audiovisual performances in the *Movie-Drome* were a "supercollage" recorded in real time.[1]

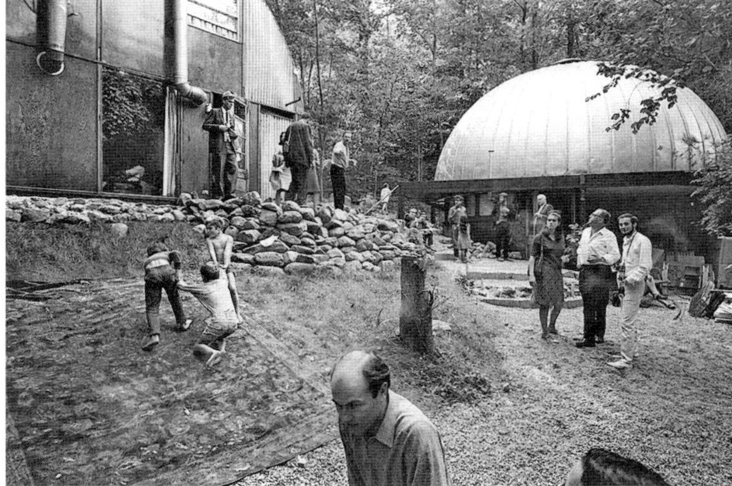

But VanDerBeek's ideas, writes Jürgen Claus, stretched "far beyond the building and moved in the direction of the surrounding biosphere, cosmos, brain and even in the direction of extraterrestrial intelligence".[2] His *Movie-Drome* was part of his *Culture:Intercom* project, which was intended to create the "prototype of a hub in a planetary communications structure that was still to be developed".[3] It was a test construction for a global network of *Movie-Dromes* that, as Gloria Sutton writes, were connected to outer space with satellites and were intended to save and pass on their images.[4] In the 1960s and 1970s, VanDerBeek anticipated the new media and participative art practices of today by developing a two-way communication system and, in doing so, attempting to encounter the alienating aspect of new technologies though transparency and the option of feedback.

These concepts emerged during the Cold War period – a global era of fear that became concrete with the Cuba Crisis in 1962, which presented the danger of atomic warfare. At the same time, the photographs taken by the *Apollo* missions at the end of the 1960s created a new, global consciousness regarding the fragility of 'Spaceship Earth', as it appeared from space. This in turn was finally expressed in the Club of Rome report at the beginning of the 1970s, which spoke of the *Limits to Growth*, sparking the emergence of a new environmental consciousness in the Western world. In light of these upheavals and dangers, VanDerBeek's *Culture:Intercom* project was an experiment attempting to bring human thought to a planetary level. In order to curb the consequences, the technical escalation of the military weapons of destruction in the 20th century would have to be countered by "an emotional sociological" escalation, writes media scientist Sven Messerschmidt. "For VanDerBeek, this rescaling of thinking was humankind's 'entry ticket' into the planetary age."[5]

Today, it is the internet that has become the global medium for rescaling thought. Its importance can be compared to the invention of the printing press, not only because it is a medium available to the general public for disseminating ideas, but because as a medium it also restructures thinking and communicating itself. Since the 1960s, digitisation and cybernetics have created a different logic of communicating that substitutes the feedback structure in the place of the old transmitter, and ecology and system in the place of hierarchy. Instead of thinking in blocks we started to think in networks and processes, icons and images appeared alongside words and letters and led to the *iconic turn*, which establishes scientific rationality through the analysis of pictures. These technological and epistemological developments have transformed social awareness.

The hubris of a consciousness that dominated nature and society was connected with the old, mechanical world (and its aesthetic educational games models), which considered endless economic growth to be just as justified as the colonialisation of other regions, cultures and ethnic groups. This hubris also led to a growing sense of the need for a corrective and a political change, which led, among other things, to the environmental and peace movement in the US and Europe and to the formation of NGOs and civic movements.

This historical background and turn is revealing in that the current interest in the planetarium as a place for contemporary art has a symptomatic prelude in Stan VanDerBeek's work. In the mid 1960s Stan VanDerBeek spent two years working at MIT in Cambridge Massachusetts, where he discovered the new possibilities computer technology and telecommunications offered to his work as an artist. Together with computer graphics pioneer Kenneth Knowlton, who worked for Bell Laboratories, VanDerBeek developed the computer-animated series *Poem Fields.* A good ten years before Microsoft and Apple were founded, he gave a 1964 teaching video on the possibilities and his visions of digital technology the title *The Computer Generation.* VanDerBeek's new media art, which was based on cybernetic technologies, not only created generative artworks, but with the *Movie-Drome* he created a new kind of display and experiential setting. What 'art' was within these industry and university driven developments was a pure, freeing and inspiring statement – without proving its market value or securing an expert's blessing. Everything took place in the fault space between the new technological possibilities and the game with the aesthetic heritage. One of the first exhibitions that also presented VanDerBeek's artistic partner Kenneth Knowlton's computer-generated works bore the visionary title *The Machine as Seen at the End of the Mechanical Age.* It was opened at the Museum of Modern Art in New York City in November 1968 and showed not only a new

1 Sven Messerschmidt, Movie-Drome (Stan VanDerBeek), in: Boris Goesl, Hans-Christian von Hermann, Kohei Suzuki (eds.), *Zum Planetarium. Wissensgeschichtliche Studien*, Fink/Brill, Leiden i.a. 2018, pp. 265–275, here p. 256.

2 Jürgen Claus, "Stan VanDerBeek: An Early Space Art Pioneer", in: *Leonardo*, 36:3, 2003, p. 229.

3 Messerschmidt, cf. note 1, p. 256.

4 See Gloria Sutton, *The Experience Machine. Stan VanDerBeek's Movie-Drome and Expanded Cinema*, MIT Press, Cambridge, Mass./London 2015, p. 1.

5 Messerschmidt, cf. note 1, p. 256.

understanding of the machine at the end of an age that was perceived as mechanical, but also as a shift in the world view of the time.

A new era became palpable – in the most literal sense of the word. New pictures were created that were generated on computers in the 1960s for the first time, and that opened up a different space. These were image spaces that were reactive and able to be modulated, which suddenly developed a temporal dimension and were no longer just viewed but also entered. Allan Kaprow summarised this in his famous phrase "Go in instead of look at" – a slogan for each change that substitutes the finished and closed object with the idea of the process and interaction. Special-effects artist Fred Waller also moved within this line of thought, and was one of the first to work on technical methods intended to connect the panoramic sight people have in cinemas that he recognised as significant with a perception angle that came as close as possible to the complete human field of vision. These efforts resulted in the Cinerama format that is still used today and which involves the production and projection of film images that are shown on a curved screen, showing a reality that is perceived as especially graphic.

Fred Waller collaborated with the Longines company on the *Theater of Time and Space* at the 1939 World's Fair in New York, projecting images onto a high vertical-domed screen whose contours blended into the side walls and floor, as David McConville describes. Later, Waller founded the Cinerama Camera Corporation, which also enabled a 360° projection in a dome theatre as could be experienced at the Seattle World's Fair in 1962. This technology was then used to create the film *Journey to the Stars* for the Boeing Spacearium Theater, and the special effects were so impressive that Stanley Kubrick invited its creators at the Graphic Films company to assist him with the *2001: A Space Odyssey*.[6]

Planetariums were – and still are – places of high technology. With their projection technology undergoing a technological turn, a palpable change in the world view projected in them also took place. Initially geocentric, or always showing the cosmos from the perspective of the Earth, later projection technologies enabled the perspective to shift virtually into every part of the universe, turning the planetarium into a moveable travel capsule.

Following his *Movie-Drome* experiments and his experiences with the generative possibilities of early computer technology at MIT, Stan VanDerBeek turned to the planetarium in order to realise his *CineDreams: Cinema of Mind* project using modern projection technologies. Interestingly, his goal was not to travel into interstellar space but into the human mind. As Sven Messerschmidt writes, he was "on the trail of the 'grammar of dreams'"[7] in the planetarium, whose exploration required a space in which humans could stand under the influence of the images surrounding them, absorb them and immerse themselves in them both watching and dreaming.

VanDerBeek's work and concepts changed at different stages and levels, paving the way for our contemporary understanding of the work and of the institutions, as well as the different ways of experiencing contemporary art that are often participative and form temporary communities. As an artist, VanDerBeek produced less of a product and more of a situation: the *Movie-Drome* as an artwork was in a constant state of flux and which parts of it was a gallery owner supposed to sell? The artwork was far more, as we would say today, a social network – the stream of images, feedback and new inputs from satellites and other participants flowing between different *Movie-Dromes*. Without this networking and this flow of generative events, the environment would only be a concentration of dead technology. Only the multimedia work that is currently transforming and becoming concrete can give a meaning to this infrastructure. The *Movie-Dromes* were, as Gloria Sutton formulated it, "experience machines",[8] at the beginning of an era that no longer emphasises dominance, distance and hierarchies but, at least in the visions of the inventors and artists, were to be determined by feedback, transparency and processing in real time.

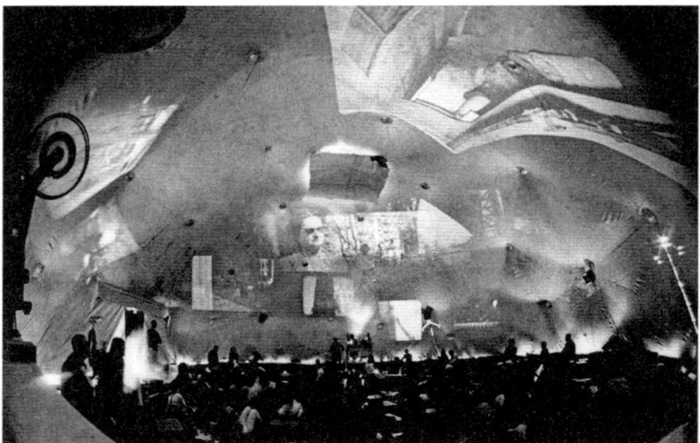

Following its metamorphosis into a digital fulldome, today's planetarium has become a highly attractive place for many artists wanting to experiment with the technologies of the 21st century. But the educational methods have also changed with the technological developments in the planetarium and have long since ceased to be characterised by the classic one-sided presentation. Instead, the interactive possibilities offered by digital technology and the live operator's role of mediating between the technology and the audience have turned today's planetarium into a "decision theatre", as media producer and director of the Zeiss-Großplanetarium in Berlin, Tim Florian Horn, puts it, opening up new forms of entertainment and artistic presentations.[9]

Paradox Places

Planetariums are two places in one – an architectonic and a mental one – which literally represents a world view. This conceptual space is not, however, as objective and self-evident as it appears in the planetarium's model presentations: David McConville has pointed out the impossibility of capturing an objective perspective of the cosmos,

6 See David McConville, „Das Universum domestizieren", in: Goesl i.a., pp. 229–253, here p. 235 ff.

7 Messerschmidt, cf. note 1, p. 257.

8 See Sutton, cf. note 4, p. 10 ff.

9 Tim Florian Horn, "Fulldome-Projektion in Planetarien und/ oder Wissenschaftskommunikation im Planetarium", in: Goesl i.a., pp. 260–264, here p. 262.

10 See McConville, cf. note 6, p.250.

11 Horn, cf. note 9, p.261.

as the results of measuring the universe has always been dependent on the observer's perspective.[10] The planetarium's projections are also based on digital star charts, which are by no means coherent. Just as contradictory is the architecture, as it creates a building whose most important task it is to disappear in the eye of the beholder. Tim Florian Horn speaks of "immersion" when the "dome is dissolved"[11] and the planetarium presents the right contents and topics. Hardly any other building follows this logic so radically. Planetariums make themselves disappear when those visiting them engage in their experience – even more so than the traditional peep-box theatre – their main purpose is not to be there themselves but to give presence to another world, in this case the universe or other 'worlds' such as the interior of organisms or geospheres.

Anyone who therefore enters a planetarium essentially goes out into something else: the cosmos or the openness of an intuitively comprehensible system. Planetariums create an interior that is an exterior. The arch of the dome, which was created out of solid concrete or, as is the case in mobile fulldome constructions, out of multiple layers of thin foil, transforms into a membrane in this artificially induced night – the darkness of the dome becomes the black of the universe, in which a myriad of stars twinkle and the observers are taken into the great outdoors.

This process is as simple as it is magical, and it turns the planetarium into an architecture of deterritorialisation that can be compared to mirror cabinets, labyrinths and panoramas, where the intensity of the forms of representation and viewing that occur in the planetarium reach a degree of immersion that no older medium has ever brought about. Yet planetariums and their predecessors are structurally the opposite of the artificial infinity spaces that an outdoors or a landscape create, that is an interior, capturing the eye in the refined perimeters of its artificially created area that can be freely walked through as is the case in English gardens or in adventure parks.

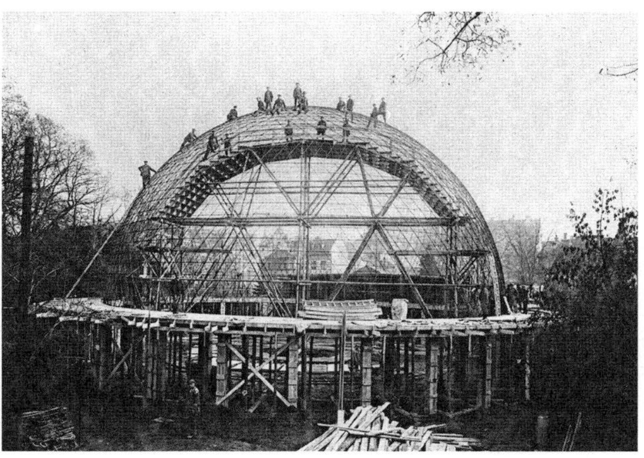

While each building wrestles a demarcated area from the open space of the world, creating a here and a there, an inside and an outside, the walls of the planetarium serve to simulate boundlessness as we can look 'though' its walls into the universe or into other worlds. In 1923, the invention of the modern planetarium by the Zeiss company was called the "Wonder of Jena". This mechanical device contained the constellation of the stars and their view from the Earth. In the star theatre of Jena, the stars came to their observers. With the invention of colourful and digital video projection, which has been able to fill an entire dome since the turn of the millennium, a fulldome theatre emerged in which the viewers could travel to the stars.

Age of Experience

While the panorama was a place of the horizontal, in which the gaze was not supposed to wander upwards but only into the expanse, planetariums are places of the vertical. For them, the horizon is more a problem as the gaze on it always draws the viewer's attention to the transition point between two spaces – the interior space with its seats and projectors and the virtual space with its endless distance. At the beginning, the planetarium almost always draws the gaze, at least in its shows and didactic presentations, away from the Earth and directs it upwards. Because of this vertical orientation, the dome of the planetarium almost involuntarily develops a spiritual dimension that today still draws a connection to the domes of cathedrals. Like churches, planetariums are open to everyone. They noticeably convey the presence of something else – in the planetarium this is perceived as a cosmic experience, as an encounter with the infinity of space, but also with life or with the finiteness of one's own existence.

At the beginning of a show I once saw at the Samuel Oschin Planetarium at the Griffith Observatory in LA, the operator advised the audience to simply close their eyes if they felt dizzy. For as soon as the images start to move in the planetarium's enormous field of vision, instead of feeling this movement the ground seems to turn under the viewers' feet. This physiologically very real effect reminds us that in the planetarium the world is only experienced 'as if'. This 'as if', however, is more true to experience than anywhere else in the world of simulated life. The sensual experience of being 'inside' the picture leads the viewer to forget to think of the planetarium as a medium. This immersive effect turns the pictorial space into a pictorial world – even abstract geometries and rhythmic orders, which form a dynamic system like David OReilly's visual and narrative compositions, appear real and vivid here.

The planetarium is a threshold – this is where we immerse ourselves in a virtual world that becomes a tangible environment. This was, once Wagner's music was ignored, not exactly typical of the age of mechanics, from whose dialectic and illusionless gift for observation it emerged. But with the planetarium this epoch created a magical instrument which carried it into the age of experience. In it, the categories of true and false, real and artificial no longer dominate, for the principle of juxtaposition in itself recedes into the background in the face of the desire to constantly receive or give feedback and to blaze its own trail in a flow of equivalent options. Of course, the planetarium as a place today still has a scientific character, but astronomy is to become intuitive knowledge here, because in the planetarium the situation becomes – in an exemplary way – an experience. "Only through immersion in the dome do temporal and spatial connections emerge which are lost in a presentation on paper or monitor." [12]

12 Ibid.

The invention of planetariums ran parallel to the invention of cinema, the first sound recordings and telegraphy – they all relativised the experience of space and time in a palpable way. The star images, as shown by the planetarium, are not fictional compared to films shown in cinema, but nonetheless fictional – according to the distinction made by Irina O. Rajewsky and Anne Enderwitz, where "'fictitious/fictivity' refers to a characteristic of what is represented (figures, places, etc.), while 'fictional/fictionality' aims at a characteristic of representation". [13]

13 Anne Enderwitz, Irina O. Rajewsky, "Einleitung", in: id. (eds.): *Fiktion im Vergleich der Künste und Medien*, De Gruyter, Berlin/Boston 2016, pp. 1–18, here p. 1.

The relativity of scientific models, as they are visualised by planetariums, may be a borderline case of what one might call fictitious. However, the situation is most certainly fictional, because we always experience it as a 'narrative' of a reality at nighttime, which we see during the day or at another time or place, however 'real' its content may be. But this fictional world becomes specific and interesting because at the planetarium it is 'as if' we were not at the planetarium at all. Rather, it feels as if we were under a cloudless sky somewhere on the high seas or in the desert, with countless stars twinkling down onto the horizon. The make-believe that the stars can really be seen at the planetarium, and not light points from a projector or glow points from an LED surface, has to do with the mimetic perfection of this imaging machine, and also with the immediate recollection of these impressions from actual nature. This is because, as Kendall Walton writes, artworks function as "props in games of make-believe". [14] What makes us believe that we are seeing stars at the planetarium is not only the apparent objectivity of the equipment but also the social convention of understanding planetariums and their ideas as scientifically credible forms of representation of the reality of the universe.

14 Frank Zipfel, "Ein institutionelles Konzept der Fiktion", in: ibid., 2016, pp. 19–44, here p. 21

In contrast to any other image format – illustrations in books, photographs and films – this impression at the planetarium is not framed but fills the entire field of vision. Even VR glasses can only ever show a comparatively small snippet, even if the wearer, following their own individual curiosity, can wander about the entire room. At the planetarium, on the other hand, the entire visual space is momentarily present; the image sectors do not disintegrate into a frieze around the viewers and throughout the dome that is closed at the top, but rather curve into a shell that embodies the whole world. The voice of the star leaders serve as the anchor point in this boundless space, introducing something like a narration in the endlessness of that which is being portrayed – in other words, the factor of time.

This technology, the opposite of the usual gazing through a pinhole based on the camera obscura principle, has barely existed for 100 years. It is cutting-edge technology for the seamless joining of moving images to form a spatial image and is accompanied by a highly developed ambient sound. Every pair of VR glasses, which are based on similar technology, individualises the player or observer at the planetarium, however, everyone sits together much like in a theatre or cinema. And in this early phase of aesthetic usage of the traditional learning space everything is still open – both artistically and technically. This affords the artists' work a great freedom, but also makes it very challenging. There are neither critics nor classics nor even an instrument on how to best realise something. In the universe there is, for example, no horizon, neither a spatial beginning nor a spatial end – all of this puts image production into other coordinates. How and to where does one move in this open space? The before and after has unforgettable dimensions here. In addition, the dark universe in this domed building is not only a realistic image of the cosmos, but it becomes very real to most visitors here. The horizon in the planetarium always lies, so to speak, at the level of our feet, and every movement that takes place on the image surface around us and above us is perceived as that of our own body: in the planetarium we seem to rotate ourselves in space when the image rotates around its vertical axis, the images flooding towards us.

Since these images are not framed, they also show fewer objects on the huge display of the planetarium than relationships between objects – just as they do not show individual stars, but star systems. Planetariums are places of ecological viewing, which always means seeing embeddings, co-events with others. This also creates a special form of narration in this space, a less classical narration than storytelling in cycles and reflections, in formal processes and magical transformations.

People often smile when they come back into the 'real world' after experiencing artworks in the fulldome. Because almost without noticing they have engaged in an intense experience with the vertical dimension of life – the experience of infinity, of inclusion and something apparently friendly. A dome directs the gaze upwards and transforms vision – much like the 'tableau vision' that emerges when walking in the woods, that is not focused but broadly open to reception.

As on a large expanse of water, where thousands of small waves constantly refract the light differently and make it sparkle, we do not see the glittering of a single spot but instead the flickering reflections of the entire surface. Planetariums are not places of agitation or representation but rather aura centres. They are experience machines.

Why now?

In planetariums – as in immersive settings in general – it is not about how long something lasts but rather how deep it goes. Deep also in a metaphorical, perceived sense. A 3D object, as planetariums can show it, is not just the image in a film but a virtual sculpture that gives us a physical quality. The folded 'skin' of the body, lowered or lifted into the room, forms the space – it is the membrane that closes it and encloses it. While the surface usually refers only to the literal flatness of an apparition, when it comes to the sculpture it enables our contact with depth and the 'beyond'.

In the planetarium everything becomes a question of depth. Even the two-dimensionality of the image can become a three-dimensional experience, even without 3D technology, due to the curvature of the projection surface of the dome and the enormous image size. The manifestation of the picture, which grows towards us as observers from above or from afar or from the horizon, certainly creates the sensation of vastness and of a pictorial environment that often appears graphic and goes far beyond the 'concocted' perspective produced by standard drawing and painting.

Thus far, planetariums have been places of immersive knowledge transfer and entertainment. Their digital sound and image technology is highly developed and they offer the largest image surface in the world. In times when teenagers know the vulnerability of Earth as a system and develop a planetary consciousness in this knowledge because it is a matter of their survival, planetariums suddenly become places of experience that are no longer connected only with school and entertainment, but can become places that offer the experience of being involved and literally seeing differently. And if immersion is commonly associated with a loss of distance and reflection, it would be relevant to ask whether this circumstance cannot be used to convey another form of knowledge that is systemic and holistic.

In his *Terrestrial Manifesto*, Bruno Latour referred to the biochemist James Lovelock, who stated that "living beings on Earth should be regarded as agents or actors who are fully involved in the formation processes of the chemical and sometimes even geological conditions of the planet." [15] Lovelock had already simulated this systemic view in the 1960s, parallel to VanDerBeek's research, using a specially developed computer model that, at the height of the Cold War, no longer split the Earth into blocks, but saw it as something alive. Where could a planetary view of this kind, as intuitively adopted by Greta Thunberg's and Rezo's generation, be better adopted as an approach than in the planetarium, which shows Earth as a system embedded in stellar, climatic and human-made constellations? This geo-social perspective also shapes philosopher Rosi Braidotti in her search for a new panhumanity, which is closely connected with alternative configurations for a different localisation of power, restrictive violence and strengthening forces: "Configurations like the feminist, the womanist, the queer, the cyborg or the diasporic are indigenous, nomadic subjects, just like the oncomaus and Dolly the sheep are not mere metaphors, but signposts for certain geopolitical and historical localisations. They are the expression of complex peculiarities, not universal demands." [16] They portray the subject as a dynamic, non-uniform entity, and this in spaces that flow right over the old

contradictions – something that transforms the mechanical age and its men of reason into a new unity with Earth and a new climate regime.

In recent years, more and more artists have begun to work for the planetarium, a place that like no other conveys a feeling for a fragile whole and its vertical axis. The rules of the art market do not apply here, and what is even considered to be 'art' here is joyfully open. There are only neighbourhoods in this location and no hierarchies. Much like the theatre moved into studios and factory buildings in the 1960s, a young artists' generation is now taking over the planetarium. Like generations before it, it is looking for places where art is not 'art', but instead sets itself its own rules and dimensions. Surprisingly, the luxurious planetarium has remained an outlying place of this kind. The artworks that have been created here transcend the usual allocation of space and function neither on the flat screen nor under the VR glasses. They can be situated in the vicinity of edutainment films, Imax noise and star travel. Completely different milieus meet here, and when the so-called *fine arts* force their way into this environment, the space itself initially has a history that makes any kind of artistic effort in it a statement. This creates a freedom that is no longer present in 'higher' places such as galleries and museums.

Programme series such as *The New Infinity* are not only interested in a technically created eternity but also in the endless and open spaces of opportunity presented in a planetarium. No one is afraid of it any more. Unlike galleries and museums, planetariums are not associated with the elite and with luxury. Nothing is defined here – the game is just starting. At the planetarium we experience something together and not isolated for ourselves. When the planetarium theatre is full a special energy emerges: others react differently and that is infectious. The planetarium stands for new places, it is *beyond the street*, and the possibilities of experimenting here brings the artists and a new audience to this place. Events such as the Fulldome Festival in Jena or the MIRA Festival in Barcelona use the planetarium for encounters free of the dictates of the market.

The post-internet generation is growing up at the interface between technology and art. On the one hand, the new technologies have fundamentally changed social life – information is available everywhere and at any time, about others as well as about myself, in a worldwide network of tracking and evaluation structures. On the other hand, digital technology has also fundamentally changed art. VR, CGI and games have become equal components of the 'cultural treasure' of the present and have the same influence as visual arts, theatre, cinema or literature.

For a younger generation of artists such as Cyprien Gaillard, Ed Atkins, Agnieszka Polska, Jon Rafman and David OReilly, these digital technologies are the starting point of their work. This generation will find it more natural to look for places that are more open to experimentation. Planetariums stand at the crossroads of this development, which

15 Bruno Latour, *Das terrestrische Manifest*, Suhrkamp, Berlin 2018, p.89

16 Rosi Braidotti, *Posthumanismus, Leben jenseits des Menschen*, Campus, Cologne 2014, p.167

is driven on the one hand by digital high technology, and on the other by the attempt to juxtapose the capitalist logic that leads to the thing and the product with other forms of expression and life. From this point of view as well, the vertical dimension of the planetariums is very attractive. No one is tracked and monitored here during the immersive experience – and this also makes this increasingly attractive as a community location.

Planetariums are new territory for artists all over the world. This global infrastructure is highly attractive for them, because a piece of art that works in one planetarium works in them all. What is completely lacking so far is a language for the new aesthetics of this place. The artistic works are situated between film and play – on the one hand they appear as a continuation of the tradition of visual music and the *expanded cinema* of Stan VanDerBeek, on the other hand they inherit the great history of spatial sound experiments from Pierre Boulez, Edgar Varèse, Helmut Lachenmann, Pink Floyd and Christina Kubisch. But those working as a visual artist in a fulldome will notice that there is no ready-made language and standardised technology for this artistic medium: how are movement, viewpoint and colour composition to be set up here? Things that machines can learn are not the future of science. Rather, this is expressed in art, in music and in sport – today, it is judgment that needs to be learned, facts can be googled any time. The role of what takes place in our society is hardly to be found in fact-based curriculums any more. This is why attempts to understand planetariums as places of lateral thinking, amazement and bafflement are so valuable and such an urgent task. When we think about what robots and AI cannot do, we arrive at the very interface between technology and art that currently makes the planetarium a contemporary experiential space. The fact that there is no sweet spot in it, no orientation of the audience's gaze, makes this experience space so metaphorical – it directs the gaze onto the whole and experiments with the question of how I can show it when I myself am a part of it.

Thomas Oberender, author, curator and since 2012 artistic director of the Berliner Festspiele, has been in charge of the Immersion interdisciplinary programme series since 2016. He has developed numerous new curatorial formats and regularly publishes essays and books on aesthetic and socio-political issues, including the catalogue on Philippe Parreno's exhibition at Gropius Bau, which marks the start of this publication series at Verlag Walther König.

A Feeling of Being Fully Disembodied

Interview with David OReilly

The programme series *The New Infinity* opened in 2018 with the premiere of David OReilly's *Eye of the Dream*. The artist and game designer's first fulldome piece invites visitors on a trip from the moment before the Big Bang through the evolution of life to our modern world. *Eye of the Dream* continues to be shown at festivals around the world. A conversation about the dome as a new artistic medium, its potential and challenges.

Your piece *Eye of the Dream* was the first work in our programme series *The New Infinity. New art for planetariums*. And it was the first time for you to actively immerse yourself in a dome space as an artist. What would you say were the three most distinctive features of this new medium that you became aware of during your working process?

The first thing you notice is the scale. Domes are massive, and loud – and you have to move your head around to take it all in. It's much more dominant on the senses than a cinema screen, and as a result it causes you to give yourself over more. You go along with things, whereas on any other screen you're more likely to have a more comfortable, critical and cognitive experience.

The second thing is the lack of frame, or rather an invisible frame. When you're looking up at a dome you don't see the edges. So much of the language of film emerges from the limitations of the frame – and when that's removed you have what? There is no obvious answer, it is being discovered now. You will notice that the aesthetic rules of every dome piece are different; each team is trying something new because there are no standards yet. It's in an exploratory phase.

The third thing is that you're surprised this medium isn't more popular. I had never seen a dome show before working on this project. I hadn't realised how much potential there is to experience imagery and sounds in this space. When things work inside the dome you can be truly transported.

What opportunities or challenges did you find?

The problem of not having a frame, which I mentioned, influenced me to use the centre of the dome as a visual anchor as well as to make the entire piece an exploration of radial symmetry. This was the opportunity in the constraint for me. I had wanted to explore this kind of imagery for a long time. I feel that this kind of symmetry was entirely compatible with the act of looking up – as in a dome – where there is no ground and no horizon, and therefore no perpendicularity or right angles. Compared to other forms, dome work is hard to test. It's difficult to know exactly how a certain effect will feel until you're inside one seeing it for yourself. VR can help preview things but there's no substitute for being inside a dome.

The other issue is that dome systems use highly specialised and expensive equipment – which nevertheless, or perhaps because of it, are pretty hard to handle. So we had many tests which failed, everything went wrong a hundred times before we found the best version of this project – one which would run in the most stable way. As with any new form, it's going to be a struggle to find out what its limits are and see what it's capable of.

For you as a filmmaker and game designer, 3D animation and the design of entire systems or worlds is nothing new, but what are the specific creative and technical challenges of the fulldome, where the maximum impression of the image takes shape?

In general with domes, if something goes wrong, such as when there's too much movement or things glitch, it's very obvious and you sense it strongly. There is little room for errors on such a massive canvas, so you have to find a way of working where you prevent that from happening. It's a very powerful canvas. You have to find the right limits for every component – sound, image, music etc. Things have to keep moving, but they can't be too fast or slow. You want the audience to have an exciting journey but not feel sick or overwhelmed.

On a more technical front, light pollution is a definite problem to navigate. When so many projectors overlap, a bright scene can easily become too bright. In general, for this reason, achieving dark black colours in domes is very hard – blackness is often light grey – so, to counteract that, you have to have a high-contrast image going into it and make sure things don't stay bright for too long.

What is the essence of this new medium for you?

It can create a feeling of being fully disembodied better than any other form – including virtual reality. If we use the cinema to translate our conscious life – what we see through the frame of our eyes – we might use the dome to translate our subconscious, something that also has no edge or frame.

***Eye of the Dream* is tied in with your previous work *Everything*. In this award-winning computer game, the player moves through a world that follows its own rules. In your fulldome work, too, visitors plunge fully into a cosmos, but the immersive experience is of a different nature. How would you describe the differences between these two mediums and their effects?**

Unfortunately words like 'immersive' and 'interactive' are very misunderstood, in my view. Nevertheless, they have become useful shorthand, so I understand what you are asking. The interactive game world involves a training process – where your body learns to engage in certain patterns influencing what you are seeing. In a dome the interaction is all mental and emotional – you are not engaging your body or cognition, so your mind is free to wander. In games the manual engagement often demands a goal – a puzzle to solve or enemy to kill – whereas in domes you really don't care about a goal. You can enjoy a dome work the same way you enjoy looking up at stars or clouds. It is enjoyable for its own sake – the joy comes out of projecting patterns into what you see. I love the potential of the dome for opening up this interpretive dimension.

How did the specifics of the fulldome influence you as an artist?

On one hand, it was so complicated to execute that I would never do it again. On the other, it was very clear how valuable the experience was for the audience. The launch in Berlin had a really amazing response – so that had an effect on me. Mostly I have worked to create things that end up living on the internet – this is the first time I've made something where you have to really go out into the world and see it, and the experience of that was inspiring to me.

Both pieces mentioned above create systems that feed on an extensive fund of objects that you have compiled over the years. Is there a point where the world of your creation takes on a life of its own and the system takes over?

I have released some of my work files before and they have all had a great second life in the hands of others. So I'll do the same here, and release these assets to the public. I think they will be useful to others – particularly independent 3D artists, who are in such a ridiculous minority.

An Emerging Spherical Infinity

Michaela French

The Eye, the Observer and the Sky: Fulldome Origins

On a warm and sunny afternoon in late May, I sit in the dark, looking upward into the domed ceiling of Europe's oldest surviving planetarium. The Zeiss-Planetarium in Jena, Germany, opened its doors in July 1926. This dome structure was designed to showcase the *Model II* projector, a beautifully engineered multi-lens analogue projection system, which used points of projected light to present star constellations of the northern and southern hemispheres. This innovative and intricate machine brought the heavens to Earth in an experience that astounded and inspired its early 20th-century audiences. As an artist working in contemporary fulldome space, being in Jena is something of a pilgrimage – a return to the birthplace of the fulldome experience. In this historic venue, I follow in the footsteps of Bauhaus artists Walter Gropius, Wassily Kandinsky and Paul Klee, who visited the Jena planetarium in the years soon after its opening. From this small but significant beginning, a long tradition of astronomers, engineers, artists and designers have continued to explore immersive fulldome projection as a space for sharing knowledge, telling stories and exploring humanity's place in the cosmos.

The lineage of the contemporary fulldome digital projection is easily traced to the world's oldest planetarium, but humanity's relationship with the dome has origins as ancient as the human observation of the sky. The archetype of the heavenly sphere, the single most dominant visual conception of the universe,[1] is inextricably and directly linked to the sphericity of the human eye, the curvature of the retina and the encompassing arc of an observer's visual field.[2]

The metaphor of the celestial sphere is embedded in the architectural form of the dome – a structure which the anthropologist Tim Ingold suggests "has a cosmic resonance of near-universal appeal".[3] The dome can be seen as an observer-centric interpretation of the universal sphere that "has manifested architecturally throughout the world"[4] in response to a "deep-seated human urge to incorporate the cosmos into an architectonic form".[5] The dome structure with a "sphere on the inside, and a globe on the outside",[6] reflects a dialectic between immersion and dominance. The form of the dome embodies the polarity of human engagement in and detachment from the world,[7] while reflecting the inherent and systemic interconnection between the terrestrially bound observer and the encircling celestial sphere.

An Emerging Fulldome Medium

These connections between human physiology, visual perception and the symbolism of the universal sphere are evident in the use of the architectural dome as an image space.[8] The artistic exploration of humanity's relationship with the cosmos can be observed in the ritualistic spaces of prehistoric burial chambers, in cave paintings, in the complex geometries of Islamic architecture, in the cosmic and heavenly imagery decorating the surfaces of domed ceilings in Roman temples and the churches of Renaissance Christianity. The complex social, theological and political symbolism and implications of these spaces is beyond the scope of this text; however, the structure of the dome clearly affords a context in which personal, cultural and universal themes have traditionally coalesced.

In addition to this historical foundation, contemporary fulldome projection also has a lineage in the tradition of visual illusion technologies. The original immersive illusions found in historical frescos, dioramas, panoramas, and panopticons[9] have evolved into the large-format cinemas, virtual reality displays and immersive spatial projection systems of our era. Oliver Grau proposes that within "each epoch, extraordinary efforts were made to produce maximum illusion with the technical means at hand",[10] and I suggest that the fulldome medium is the optimum illusion technology of our time.

The evolution of fulldome projection from the early Zeiss star projectors to the high-resolution digital video of contemporary fulldome theatres follows a trajectory of technological advance, innovative engineering and artistic exploration. While the artists of the Bauhaus may have imagined their paintings animating across the interior of the Jena planetarium dome in the late 1920s, such visions would not be realised for another thirty years. The possibility of an all-encompassing immersive cinematic fulldome experience inspired subsequent artistic pioneers, filmmakers, scientists, engineers and visionaries to innovate and explore.

In 1957, experimental American filmmaker Jordan Belson collaborated with sound artist Henry Jacobs to present the *Vortex Concert* series at the California Academy of Science's Morrison Planetarium. Using numerous analogue projection devices, the *Vortex Concerts* featured the layered abstract patterns, visual effects and cosmic imagery of Belson's experimental films combined with electronic music from avant-garde composers, which Jacobs curated.[11] Belson broke with convention, moving beyond the rectilinear cinematic frame to create innovative immersive 'visual music' experiences within the dome. The *Vortex Concerts* were performed until 1960, and their renown and legacy influenced the artists and technicians who developed subsequent artistic projection dome experiments.[12]

The *Movie-Drome* was another experimental immersive dome experience devised and constructed by the American film artist Stan VanDerBeek in the 1960s.[13] VanDerBeek realised his fulldome vision using a collection of discarded projectors, optical devices and sound systems to project multi-layered up-cycled audiovisual content that incorporated film, video and early computer graphics. VanDerBeek considered "technology as an amplifier for the human imagination",[14] and developed his *Movie-Drome* to "disrupt the tyranny of the single-view screen".[15] VanDerBeek created a multi-image projection environment in which the audience would experience an immersive "halo of media around their heads".[16] VanDerBeek's envisaged future of networked fulldome theatres

1 See David McConville, *On the Evolution of the Heavenly Spheres*, unpublished doctoral thesis, Plymouth University 2014, p.17.

2 See ibid., p.41.

3 Tim Ingold, "Globes and Spheres", in: id., *The Perception of the Environment*, Routledge, London 2000, p.216.

4 David McConville, "Cosmological Cinema: Pedagogy, Propaganda, and Perturbation in Early Dome Theaters", in: *Technoetic Arts*, 5:2, 2007, pp.69–85, here p.69.

5 Nick Lambert, "Domes and Creativity: A Historical Exploration", in: *Digital Creativity*, 23:1, 2012, pp.5–29, here p.11.

6 Ingold, cf. note 3, p.216.

7 See ibid., p.216.

8 See Lambert, cf. note 5, pp.16–22.

9 See ibid., p.22.

10 Oliver Grau, *Virtual Art: From Illusion to Immersion*, MIT Press, Cambridge, Mass. 2003, p.5.

11 See Cindy Keefer, "Cindy Keefer on Jordan Belson, Cosmic Cinema, and the San Francisco Museum of Art" in: *MOMA Open Space 2010*, https://openspace.sfmoma.org/2010/10/jordan-belson/, accessed 10.7.2019.

12 See Lambert, cf. note 5, p.26.

13 See Jürgen Claus, "Stan VanDerBeek: An Early Space Art Pioneer" in: *Leonardo*, 36:3, 2003, p.229.

14 John Durniak, *The VanDerBeek Dimension*, 1970, p.80, cited from Lambert, cf. note 5, p.27.

15 Lambert, cf. note 5, p.27.

16 Ibid.

17 Sebastian Schumacher, "All You Can E.A.T." in: *Uncube Magazine*, July 2014.

18 Lambert, cf. note 5, p.26.

19 See Donna Cox i.a., "Digital Domes: Theaters Without Borders", in: *ACM SIGGRAPH 2015 Panels*, *SIGGRAPH '15*, New York 2015.

20 See Nick Lambert, Mike Phillips, "Introduction: Fulldome", in: *Digital Creativity*, 23:1, 2012, pp.1–4; Donna Cox, cf. note 19.

21 See Michaela French, Kelly Spanou, "Extending the Language of Fulldome Space", in: *IPS 2016 Proceedings*, Revolve IPS Conference 2016, International Planetarium Society, Warsaw 2016, pp.74–76.

22 See Michaela French, "Using the layers of presence as a framework for artistic practice in fulldome space", in: *IPS 2018 Proceedings*, presented at: IPS Conference 2018, International Planetarium Society, Toulouse 2018.

23 Matthew Lombard, Theresa Ditton, "At the Heart of It All: The Concept of Presence", 1997, cited from: Lydia Reeves Timmins, Matthew Lombard, "When 'Real' Seems Mediated: Inverse Presence", in: *Presence: Teleoperators and Virtual Environments*, 14:4, 2005, pp.492–500, here p.496.

24 See Aaron Bradbury, "Domography", lecture at the Fulldome UK conference, National Space Centre, Leicester 2016.

25 Lambert, cf. note 5, p.26.

that allowed instant selection of visual content and participatory audience interaction is now a technological possibility.

A shared experiential vision was a driving force behind the immersive dome structure of the Pepsi-Cola Pavilion at the Osaka World Fair in 1970. Featuring the work of Experiments in Art and Technology (E.A.T.), an interdisciplinary collective of artists and engineers at the forefront of "the then all-new field of Media Art".[17] The interior of the pavilion was a ninety-foot mirrored dome surface which reflected the attendant audience within a complex system of lasers and lights, which created "intense abstract images"[18] that coalesced in a seemingly infinite cinematic field.

The imaginative re-purposing of technology, interdisciplinary collaborations and creative invention that defined these early exploratory dome projects helped establish an artistic genre within fulldome space that inspired traditional astronomical planetariums to begin programming more experimental content. While artists continued to venture into the previously unexplored territory of immersive cosmic cinema, planetariums were also embracing technological advances.

Specialist astronomical effects projectors, modified film and video projectors, specifically designed optical devices and innovative digital control systems gave planetariums the opportunity to expand their visual and narrative repertoires. The ongoing development of these new planetarium technologies led to Sky-Skan's *SkyVision* system, the world's first seamless 360° fulldome video experience, which launched at the International Planetarium Society Conference in London in June 1998. Since then, numerous companies have developed immersive 360° fulldome video projection systems, with hundreds of fulldome theatres now operating globally.[19] More recently portable fulldome equipment and the increased availability of immersive visualisation software has allowed artists, programmers and designers to exploit the creative potential of immersive fulldome space in fields beyond planetariums. Fulldome experiences commonly appear in museum and art gallery exhibitions, corporate events, music festivals and other spheres of entertainment.[20]

An Illusion is More than the Sum of its Parts

The contemporary fulldome experience of 360° immersive video relies on perceptual illusion and the suspension of disbelief to create an all-encompassing and evocative experience which carries the viewer beyond the physical space of the dome theatre into the world projected on the surface of the screen. To enable audiences to enter this space of immersive presence, fulldome creators must integrate the three primary elements of fulldome space.[21] The first of these is the fulldome theatre, which includes the physical structures of the dome and its incumbent audiovisual technologies. These consist of high-resolution digital video projections which are seamlessly mapped to cover the interior surface of the hemispherical dome. This image system is accompanied by an immersive multi-channel spatial sound environment. The second element of the fulldome medium is the fulldome content which consists of the audiovisual materials presented within the dome. The final element is the perceptual experience of the viewer.

In designing fulldome experiences, the creator must integrate these three elements of fulldome space: the physical structure of the dome theatre, the mediated space of the audiovisual content and the perceptual space of the viewer.[22] When these elements coalesce, a "perceptual illusion of non-mediation"[23] that is unique to the fulldome medium emerges as the physical structure of the dome seems to fall away and the viewer perceives themselves as an integral and interconnected part of the world presented within the fulldome content. Designing for this immersive experience requires a specialist approach to visual composition, editing and sound design.

Whether creating content for traditional scientific visualisations in planetariums or contemporary artistic fulldome explorations, the set of design principles for visual storytelling in fulldome space elucidated in NSC Creative's Domography[24] provide an effective framework to ensure the design allows the audience to be fully transported into the infinite and immersive fulldome experience.

Contemporary Artistic Practice in Fulldome Space

Recent artistic practice in fulldome space tends to fall into one of two categories. Following in the footsteps of Belson's visual music, contemporary video artists and VJs animate streams of morphing, fluid, CGI geometries and immersive light shows, designed to disorient and delight audiences with the thrill of visual spectacle. Commonly presented in an entertainment context, these rhythmic spatial flows with their visual illusions and volumetric 3D aesthetic have come to epitomise fulldome art. However, a second exploratory approach to artistic fulldome practice has gained momentum in recent years. Artists, designers and filmmakers are using fulldome space to investigate the communicative, visual and perceptual possibilities of immersive and transmedia storytelling. With its lineage in cinema, new media, and digital video art, this emerging artistic practice is informed by a sense of fulldome space as an "aesthetically potent environment"[25] that affords a unique creative potential. The artistic works produced in this context combine interdisciplinary visual and spatial moving image design with immersive soundscapes, extending at times to include live performance and other art forms that expand boundaries of the fulldome medium. In discussing some of the characteristics that define these artistic fulldome experiences, I draw on recent examples of short films produced by the Fulldome Research Group at the Royal College of Art in London.

In her short film *Sonar* (2016), the architect and designer Kelly Spanou uses an "egocentric

26 Simone Schnall, Craig Hedge, Ruth Weaver, "The Immersive Virtual Environment of the Digital Fulldome: Considerations of Relevant Psychological Processes", in: *International Journal of Human Computer Studies*, 70:8, 2012, pp. 561–575, here p. 3.

27 Ibid.

28 See Adrian Lahoud, "Floating Bodies", in: Shela Sheikh, James Burton (ed.), *Forensis: The Architecture of Public Truth*, Forensic Architecture, Centre for Research Architecture Goldsmiths, University of London, Sternberg Press, Berlin 2014, pp. 495–518.

29 Gabriella Giannachi, Nick Kaye, Michael Shanks (eds.), *Archaeologies of Presence*, Routledge, Abingdon 2012, p. 13.

spatial strategy"[26] and the opto-kinetic capacity inherent in the fulldome experience to explore spatial storytelling. In a traditional cinematic environment, the rectilinear frame affords the viewer an external or exocentric point of reference. The structure of the cinema frame provides a constant for vertical orientation regardless of the movement within the projected world. In the immersive space of the fulldome, the large-scale spherical screen has no consistent vertical reference points and as a result the viewer adopts an "egocentric spatial strategy",[27] using their own body as the primary reference for orientation. In *Sonar*, Spanou structures the minimal black-and-white architecture of her images to expand and contract the visual space the viewer perceives. The precise ebb and flow of repetitive points of light pulling against one another stretches visual space, creating an opto-kinetic illusion in which the audience, with no other point of reference, experience a shared and synchronised sensation of falling. These visual cues activate an egocentric response in the audience and allow narrative elements to be directly embedded in the viewer's perceptual experience. In this film, Spanou plays with the dialectic of globes and spheres inherent in dome spaces by creating an evolving spatial field that alternately encloses the audience and opens outward to universal space. In this way, *Sonar* uses the dome to invite the viewer to observe their perceptual process and their correspondence with the infinite.

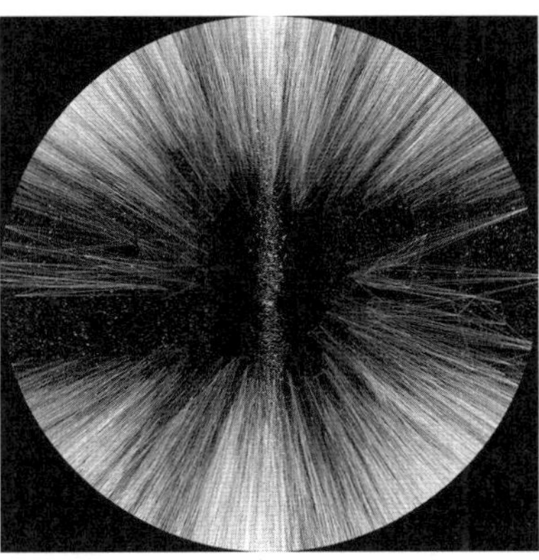

The integration of the viewer's body as an active element of the narrative experience in fulldome is taken in another direction in Emily Briselden-Waters' short film *Circus of Anxiety* (2017). This artistic documentary features an audio interview which describes the personal experience of anxiety. This evocative voiceover forms the foundation of a complex multi-layered spatial sound design, which is combined with abstracted black-and-white film footage that serves both as a narrative metaphor and as a sensory trigger that activates the lived experience of anxiety for the audience. Briselden-Waters uses techniques to impact the audience's physiology; dynamic changes of light and dark implant retinal after-images, abrupt changes in movement destabilise spatial orientation, and low-frequency audio vibrates and resonates through the viewer's body. Sound and image work independently of one another and merge only in the viewer's perceptual experience. In this way, the viewer enters into an exchange with the narrative content and becomes physically aware of themselves as an active participant in the experience. *Circus of Anxiety* focuses inward, inviting empathy and understanding by surrounding the viewer in the immersive and disorienting experience of an anxiety sufferer. Utilising the integral relationship between the viewer and the dome to explore this personal inner-world, *Circus of Anxiety* offers a counterpoint to the scientific stories of universal space traditionally told in fulldome environments.

Every fulldome film that explores new modes of storytelling and generates new creative and technical design strategies expands the language and breadth of the fulldome medium. *Climate Crimes* (2018) is another example of an artistic fulldome film that contributes greater depth and currency to fulldome storytelling. This immersive film examines the complex relationship between global air pollution, climate change and human migration. *Climate Crimes* draws on the academic research of the director Dr Adrian Lahoud[28] and features visual design and animation by Max Crow and myself. This provocative film investigates how anthropogenic aerosols and other atmospheric particles originating in the wealthy nations of the global north – Europe, the US, China and others – impact global climate systems and contribute to the desertification and migration in the Sahel region of north Africa.

Climate Crimes immerses the viewer in a cyclic story of global cause and effect, as a narrated voiceover leads the audience through the multi-layered narrative. A spatial soundtrack designed by Mike Wyeld, interacts with contemporary global data visualisations, artistic digital animation and documentary footage of climate summits and refugee migration. Visual complexity plays a critical role in telling this story; space shifts between microscopic, human and global scales to reveal an underlying reciprocal ecological system. Visual flow, focused temporal and narrative movement and integration of sound and image heighten attention and afford the viewer insights into the highly mediated political, economic and cultural narratives that inform issues of pollution, climate change and migration.

Climate Crimes is about political, social, and individual accountability. The film uses the immersive fulldome experience to personalise this story, in order that each viewer's real-world experience becomes an integral and fundamental part of the narrative. *Climate Crimes* aims to elicit an "awareness of the exchanges between the subject and the living environment of which they are part",[29] and invites the audience to reflect upon their personal relationship and contribution to these global challenges.

This work presents a radically different approach to conventional planetarium visualisations and scientific storytelling. The film sets a precedent for a new kind of fulldome narrative and offers a contemporary interpretation of how the spherical space of the dome might be used to investigate and present new ways of observing humanity's relationship with the world and the cosmos.

A Long History and an Untapped Potential

The fulldome experience is born out of a historical and interconnected relationship to the celestial sphere and affords a contemporary space in which scientific, cultural, social, technical and artistic languages coalesce. The fulldome medium facilitates transdisciplinary approaches that invite experiential modes of storytelling, innovative immersive design and new artistic forms that afford alternate perspectives and new discourses.

Despite its historical lineage, contemporary fulldome space remains an emerging medium which continues to evolve as new technologies and increasing accessibility enable a growing number of artists and designers to explore the untapped and uncharted creative territories of the fulldome environment. This openness affords an opportunity for artists to unlock the narrative and communicative potential of this hemispherical space and to participate in the process of establishing a critical and creative language for the fulldome medium. The expanding breadth and variety of fulldome films emerging through artistic practice cultivates an increased understanding of the design principles and strategies required to enhance narrative engagement, perceptual integration and immersive experience in fulldome space. As this knowledge grows, so the purpose and scope of fulldome space also expands.

The immersive visions we may imagine in the minds of Kandinsky, Gropius and Klee in the early years of the Jena planetarium are now a contemporary reality. Fulldome has evolved into a potent creative environment in which immersive audiovisual technologies synthesise with narrative, perception, physiology and imagination to coalesce in an artistic medium capable of eliciting a rich, evocative and profound spherical experience.

Michaela French is an artist, designer and researcher working with light and immersive media. Her practice explores the interaction between light and body through innovative installations in fulldome, live performance, museums and gallery exhibitions. Michaela is a PhD candidate and tutor in Information Experience Design at the Royal College of Art, London where she leads the Fulldome Research Group.

Transcending the Individual Perspective

Interview with Artist Collective Metahaven

Metahaven – whose work brings the most diverse artistic formats together – sets foot in a dome for the first time with its fulldome piece *Elektra.* A visual essay emerges out of a combination of real film and animation which, based on the mythical story of Electra, connects various periods of times. A conversation about the artistic exploration of the dome.

You are currently in the middle of creating *Elektra*, your first fulldome work. What do you find interesting about this dome space, that is old and can yet be discovered anew and which can provide you with new opportunities of artistic expression through the latest technologies?

This is one of the most exciting projects we've worked on, to be fair, precisely because there is so little traditional image convention that holds up in the dome. Having just shot the film and entering the editing process now, we are keen on this film playing with and disturbing conventions of three visual layers: cinematic view with a fish-eye lens, cinematic view with cinema optics using a variety of viewpoints, and animation as a way to ground the entire project in the dome view and to affirm or disturb the scale of the underlying or adjacent cinematic image.

At the same time one of our inspirations is an early Renaissance painting by Francesco Botticini, *The Assumption of the Virgin* (1475–1476), depicting the nine ranks of angels according to Pseudo-Dionysius the Areopagite, a Christian neo-Platonic mystic who lived in the 6th century.

You go back a long way in art history and dome architecture then. Actually your work in general is characterised by sounding out and transgressing artistic forms and narrative devices, as could be seen in your films *Information Skies* and *Hometown*. Their themes will be continued in *Elektra*. Can you describe the nature of this new work?

A search for lyrical immersion connects *Elektra* with the other films, but we are trying to create a distinct editing logic for this film as well. It is a work about childhood. About the continuum between past and present, about the embodiment of past time in a single Now. That, in turn, is an idea from Edmund Husserl that we previously used in our essay "Digital Tarkovsky", via a reflection on the work of the philosopher Bernard Stiegler.

Aeschylus wrote: "Children are memory's voices, and preserve the dead from wholly dying [...]. Children preserve alive a dead man's name and fame. They are like corks that hold the fisherman's net, and keep his knotted lines from sinking to the ocean bed."

What is the connection between the mythological story and the dome space with its high level of technology?

There is no real relation with the dome's level of technology. In our brief experience with domes so far, we have learned that the technical levels that they are on are quite different and that it isn't standardised at the same level that cinema is. What seems apparent is that the technical minimum necessary to work with the dome space, like 4K by 4K film in 60fps as is the standard of the Hamburg planetarium, are still quite a far cry from the standards that most artists currently can afford to use in video.

Elektra is a strong reflection of the medium. The work is a parable on the dome of the planetarium which enables a new, different way of seeing. How is it distinguished from the way we see at the cinema?

Because the dome view presupposes a look into infinite space, it's straightforward to have 360° views without thinking about questions like "whose infinite space is this?" But it is necessary to not presuppose this space as some kind of galactic enormity. We are trying, and let's see if we succeed, to rely on a combination of spatial concepts using internal perspectivistic contradictions that partially affirm and partially deny infinite spatiality in the shots. We see the work like a kind of clock, in that the borders of the circular image can function as a measure of time, like the pointer of a ticking clock pointing at the edge of the circle. The difference with going to the cinema is that you're not setting up for a narrative, but for lack of a better word, "an experience." What this experience consists of is hard to tell, but it seems intended to make one reflect on questions that, by definition almost, transcend the individual perspective. Like, for example, we can't presuppose or achieve character identification in the same way as in cinema or art film.

To what extent can you tie this new work in with your earlier creative work then? And what are the new challenges and questions that you are facing?

We hesitate to frame the newness of this work to our practice just on the terms of the techniques used; simply speaking there are quite some more elements to it that are new. For example it is our first work with children. It somehow makes total sense given the earlier films, but it led to a completely different kind of experience on the set and in a way, an obligation on our part to make the content of the film accessible on another level that didn't need explanation. We did quite a lot of work on the mood of the shots, going from dark to light and from greyish to colourful. We started the film from a poem that we wrote, but gradually decided that the text should not literally be narrated during the film but should function more as a kind of informal sounding board or storyboard. Also, with our team we built a lot of props, including nets and objects made from shipping and netting ropes.

Does the interconnection of levels of reality that differ in their sensuousness acquire a new quality here?

Hopefully so, yes.

What are the opportunities that the planetarium as a new location for art can provide for artists and their audience?

The possibilities of the planetarium are distinct from the possibilities of the dome projection per se. The possibilities of dome projection are many. Especially in comparison with virtual reality, dome experiences are collective experiences. Planetariums are institutions that have domes; and whether they are open to facilitating and hosting works of art is something we cannot answer for them. In itself, it appears as if the planetarium, and more precisely the dome, provides opportunities for film to become less narrative and more singular, and to be oriented toward another spatial dimension than everyday reality. That seems really fitting. We're drawn to that Botticini painting, which shows a sky

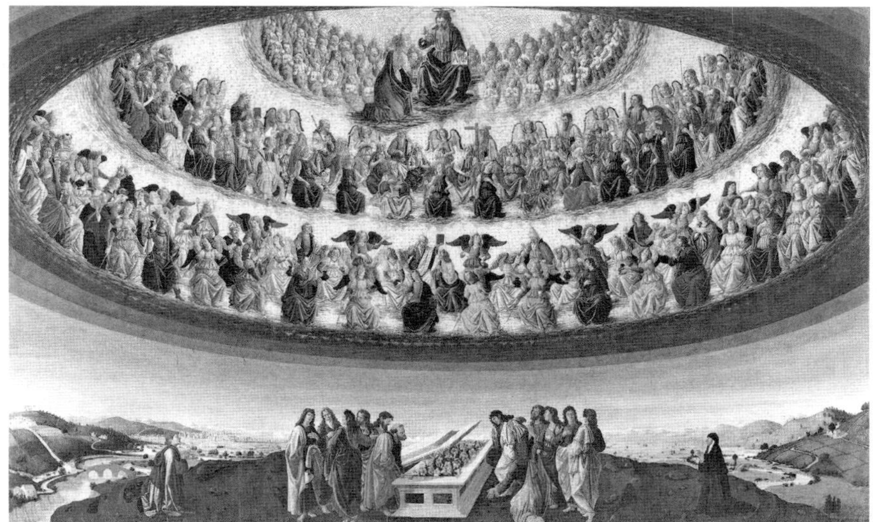

that gets interrupted, morphed by an intervening
dome shape, inside of which are the nine ranks of
angels. Indeed, the same dome was with us before
there were techniques to project films in it; even in
painting it was already a space that provided that
different dimensional outlook because it was, first
of all, imagined as a suitable topology to represent
a celestial order. Taking the planetary dome seri-
ously, as in, thinking through the outlook it provides
and the history that that ties in with – as in Botticini's painting – means that artists working in it confront questions that go far beyond mere optics.

Touching a Star

Ulrike Bergermann

Immersing in Order
Not to Sink

1 Cited from a commentary by Hugo von Hofmannsthal published posthumously in: Hans Blumenberg, *Die Vollzähligkeit der Sterne*, Suhrkamp, Frankfurt am Main 1997, p. 36.

2 See Stephan Oettermann, *Das Panorama. Die Geschichte eines Massenmediums*, Syndikat, Frankfurt am Main 1980; Catalogue of the Kunst- und Ausstellungshalle der Bundesrepublik Deutschland (ed.), Catalogue editors Marie-Louise von Plessen, Ulrich Giersch, *Sehsucht: Das Panorama als Massenunterhaltung des 19. Jahrhunderts*, Stoemfeld/Roter Stern, Basel/Frankfurt am Main 1993.

3 Alison Griffiths, *Shivers Down Your Spine: Cinema, Museums, and the Immersive View*, Columbia University Press, New York 2008, writes about immersion in cathedrals and museums through to IMAX.

4 See Lisa Parks, *Cultures in Orbit. Satellites and the Televisual*, Duke University Press, Durham/London 2005, pp. 21–45.

5 Herbert Marshall McLuhan, "Medien verstehen – Die Ausweitung des Menschen [1964], in: *Absolute Marshall McLuhan*, ed. Martin Baltes, Rainer Höltschl, Orange Press, Freiburg 2002, pp. 138–174, esp. p. 154: "Common sense" as the transmission of a sensual experience to everyone else is once again possible in the computer age, "the transfer taking place now of our entire lives into the spiritual form of information turns the entire globe and the human family into a single consciousness."

"The clever child is asked: Can you touch a star? The child bends down and touches the Earth." [1]

When visual perception almost becomes a whole-body one: already in the 19th century panoramas – enormous rotunda with 360° paintings – visitors stood on platforms in the centre, together immersing themselves in the scenery to the point of dizziness. [2] Media studies professor Alison Griffiths called her history of the immersive view *Shivers Down Your Spine*, which was associated with a desire to lose control. [3]

For the media theorist Marshall McLuhan, too, a planetary experience of this kind was shaped by notions of connection and immersion. In his later work, McLuhan not only increasingly understood the senses as part of the whole, but already saw this connection as an "electric one" both technologically and at a human level at the time of the first (almost) worldwide live satellite transmission of television shows entitled *Our World* in 1967 [4]: We are now connected to each other around the globe as if we were hanging in a net through signals on our fingertips; this is, as he wrote many years before the internet, our new "common sense". [5]

6 The flight of *Apollo 8* around the moon was broadcast live on television in 1968, photos of the moon's surface had already been taken by Soviet spacecraft *Lunik 3*. But it was the photograph taken by *Apollo 17* that seemed to have an especially lasting effect: the new unity, the blue stone on a dark backdrop, a jewel on posters and T-shirts, an icon of the environmental movement.

7 See Thomas de Padova, *Das Weltgeheimnis. Kepler, Galilei und die Vermessung des Himmels*, Piper Munich/Zürich 2009; Mario Biagioli, *Galileo's Instruments of Credit. Telescopes, Images, Secrecy*, UP Chicago Press, Chicago/London 2006; Horst Bredekamp, *Galilei der Künstler. Der Mond. Die Sonne. Die Hand.*, Akademie Verlag, Berlin 2007; Ulrike Bergermann, Isabell Otto, Gabriele Schabacher (eds.), *Das Planetarische. Kultur - Technik - Medien im postglobalen Zeitalter*, Fink, Munich 2010.

8 Hannah Arendt, *Vita activa oder Vom tätigen Leben* [1958], Piper, Munich/Zürich 1994, p.246. The "Surveying Capacity", with which the human mind can reduce everything to any size using numbers, symbols and models, releasing the person measuring from his pivotal point. The Archimedean desire to find a point outside the Earth to unhinge it has been fulfilled; what happens in laboratories treats the Earth as if from an extraterrestrial point of view, a "masculine human understanding overlooking the planets from the sun", p.258. Thus, at the price of alienation, knowledge in modernity is gained, and more: the human ultimately encounters only himself in that which has been measured, as the measured nature has only been prepared according to his perceptive faculty, p.260 f.

9 See Hans Blumenberg, *Die kopernikanische Wende*, Suhrkamp, Frankfurt am Main 1965.

Today, like McLuhan, the view of an object or image 'from outside' seems to us to be a distanced one, and immersion on the other hand is connected with feedback, participation and overpowering – a sensory and media story that the planetarium has inherited and co-authored, too. Yet the view *of* the globe is not necessarily a cold one that does not generate a sense of unity, as can convincingly be seen and felt in the iconic image of the *Blue Marble* from 1972, the photo of the Earth taken from *Apollo 17*.[6] The prehistory of the planetariums and the visual journey that they made possible into the space around the Earth also includes the Earth and celestial globes of the Middle Ages, and the imagined view from space of the Earth as one planet among many others, in other words an imagined view 'from outside' that can certainly be associated with strong feelings of belonging. This media story sketches the situatedness of the gaze on the Earth as pivotal points of world images that today determine the probability of climate catastrophes and the future of this globe. The planetarium of the 21st century is part of this fabric, part of a political aethetic that stretches from the Copernican revolution to the real virtual realities of our present times. Can you immerse yourself here in order to stop the planet from going under?

It is a little-known fact that celestial globes are older than Earth globes: since ancient times they have shown the starry sky on a globe, in an inverted projection, as if you could see the stellar constellations from an imaginary central interior position with a view of the surface. Added to this were the terrestrial globes involving a different imaginary perspective, the view of the globe from space; until the 19th century both were usually produced together, serving as aids for navigational purposes and scientific discussion. Stellar constellations are recognisable and only move in slow cycles, and could therefore be drawn on celestial globes, while other observable light spots were called "planets" based on the Greek word for "wanderer". The fact that the calculation of their orbits could only come to the conclusion that, like the Earth, they rotate around the sun, challenged medieval Christian teachings and was censored by the Inquisition – the representation of the planets is a political issue and decides on humanity's self-image.

Using a telescope and his drawings of the moon, in 1610 Galileo Galilei visually depicted what Copernicus and Kepler had contemplated and calculated in 1509 and 1609 respectively – namely that the Earth revolves around the sun.[7] His book, *Dialogo*, published in 1632, was banned by the church, however, and Galileo was put under lifelong house arrest – the accessibility of the writings in the national language, not in scholarly Latin, and the clarity of his images lent plausibility to the heliocentric world view, which Christian teachings contradicted. The media for engaging in ways of looking at the world were anything but democratised. Yet the Copernican turning point soon not only made it clear that the Earth is not the centre of the universe. The measurements made possible by looking through the newly invented telescope corresponded to the theoretical calculations, and this meant that humankind could acquire knowledge about the universe. For Hannah Arendt, it is this 'ability to measure' that removes the person from the Earth and alienates them from it.[8] Arendt wrote this shortly after the Sputnik shock in 1957 and shortly before the landing on the moon in 1968, after a satellite 'saw' the world from the outside and before human eyes brought this glimpse back to Earth with a camera. In 1965, Hans Blumenberg saw this as an achievement: this discovery facilitated human self-analysis.[9] Shortly thereafter, Günter Anders was more critical: previously, perceiving the Earth as an abstract force had been an intellectual effort and now it was possible for everyone as an image, since the camera, as in the translation of the Latin *abstrahere,* had torn itself from the Earth.[10] And since approximately 500 million people had watched the moon landing, one could speak of the 'eyes of the Earth', which could see themselves: the 'self-encounter with the earth'.[11] Either way, spatial surveying, remote viewing and telecommunication technologies have created a reorientation of the Earth on itself and the possibility of seeing oneself 'as one'; the view of the entire Earth from an external standpoint, however, had already been around for a long time.

From the first unmanned and manned hot-air balloons from 1783 onwards to planes and satellites in the Earth's orbit in the 20th century, it took a long time until photographs taken from a rocket were actually able to document Planet Earth from 'outside', or, more precisely: the entire Earth without shadows from the moon – the Earth itself as a spaceship, lost in space, precious.[12] On Earth itself, in 1962 Rachel Carson's bestseller, *The Silent Spring,* fought for an ecological rethinking by suggesting an eternal silence following the looming environmental poisoning; the Catholic chemist James Lovelock described the Earth as a living organism called *Gaia;*[13] in 1972 the Club of Rome published a report entitled the *Limits of Growth,*[14] and "the planetary" became a term for discourses that called for scientific as well as cultural and social knowledge and, with that, the emancipatory hope arose that 'modernity' would unite the separate perspectives.[15] In the same year, the above-mentioned photo of "the whole Earth", known as *Blue Marble,* went around the world, and today Alexander Gerst continues to remind us of how pointless environmental pollution and wars are when we have an Earth without boundaries and with a sensitive atmosphere surrounding the blue oceans before our eyes. The images of the planet have time and again been closely linked to ecological crises. Will this continue to be relevant in the digital world – what are the viewing policies at Google Earth or in virtual reality?

"The clever child is asked: can you touch a star? The child bends down and touches the Earth." Today, this means with Google Earth: the child is not looking at the stars from the Earth, nor are they looking at the Earth from a star. They are on Earth *and* it can see it from outside, and can

10 See Günther Anders, *Der Blick vom Mond: Reflexionen über Weltraumflüge* [1970], Beck, Munich 1994. Anders kept a diary in 1962 during the Soviet journey to space and published his reflections on the *Apollo* flights in 1970.

11 Ibid., p. 89.

12 See Barbara Ward, *Spaceship Earth*, Columbia University Press, New York 1966; Richard Buckminster Fuller, *Bedienungsanleitung für das Raumschiff Erde und andere Schriften* [1961–1970], ed. Joachim Krausse, Philo Fine Arts/EVA, Hamburg 2008.

13 James E. Lovelock, *The Ages of Gaia: A Biography of Our Living Earth*, W. W. Norton, New York 1995; id., "The Gaia Hypothesis", in: Lynn Margulis, Clifford Matthews, Aaron Haselton (ed.), *Environmental Evolution. Effects of the Origin and Evolution of Live on Planet Earth*, 2nd edition. MIT Press, Cambridge, Mass./ London 2000, pp. 1–28. Cf: Alexander Friedrich i.a., *Ökologien der Erde. Zur Wissensgeschichte und Aktualität der Gaia-Hypothese*, meson press, Lüneburg 2018.

14 See Dennis Meadows i.a., *Die Grenzen des Wachstums. Bericht des Club of Rome zur Lage der Menschheit* [*The Limits to Growth*, New York 1972], DVA, Stuttgart 1972, trans. Hans-Dieter Heck.

15 See Wai Chee Dimock, Lawrence Buell (ed.), *Shades of the Planet*, Princeton University Press, Princeton 2007; Marie Louise Pratt, *Imperial Eyes. Travel Writing and Transculturation* [1992], 2nd edition, Routledge, London/New York 2008.

16 Also thanks to support from the UN as well as countless journalistic projects at the *New York Times* and productions by the VRSE company.

17 *Clouds over Sidra*, produced by Gabo Arora and Chris Milk for VRSE, now WITHIN, 2015, 8.35 min, https://www.with.in/ watch/clouds-over-sidra, accessed on 7.7.2019.

manipulate its image manually. Since 2001, Google Earth has been connecting the view of a rotatable Planet Earth with satellite views of the continents, countries and towns, and even down to the *street view*. The flight view over the Earth and between the scales creates the feeling of a continuum, of a connection between the place, at a safe cruising altitude that can land at any time, take a glance at a holiday destination or give an idea of a crisis region, while constantly being able to switch between a view of the local, the streets or individual photographs. The perspective is as much 'outside' as it is on earth itself and it lies scattered and multiplied in the hands of the user. Has this promoted cosmopolitanism? Currently this can neither be seen in the decline of hunger nor in global warming – the connection between pictorial techniques and empathy remains open.

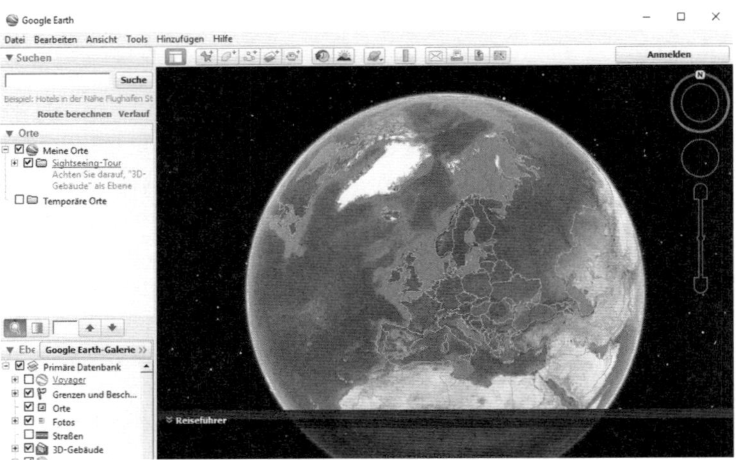

Another current technology that promises to show the world immersively and empathically is VR, or "virtual reality", once again not from an outside perspective of the Earth but in an individualised panoramic view through VR glasses that convert head movements in real time to the presentation in the glasses. Like the *Gaia* concept, VR, the buzzword of the 1980s, had, been forgotten – and now both are extremely popular. In 1995, a series of spectacular films were developed in 360° mode using new models of glasses,[16] remarkably often featuring topics such as international refugee centres, war settings and nature images (diving with whales, etc.) and accompanied by texts that pointed out the emotionally touching effects of the technology. The UN used films such as *Clouds over Sidra* from the Zaatari refugee camp while fundraising.[17] Solidarity is generated here by an individually experienced 'planetary' narrative; it stands in the context of journalistic documentation and increasingly in the entertainment industry, while the planetarium is situated in a history of popular education and collective viewing. I am alone, connected with Zaatari, Agnieszka Polska's prehistoric biosphere in the fulldome, and simultaneously with many others, in the same way as the climate catastrophe affects all of us together.

Bruno Latour describes the shock caused by the *Gaia* concept as being as great as that caused by Galileo;[18] the new geocentrism can make us "even dizzier" than the first Copernican affront.[19] The view on the planet as a globe makes the observer passive and has to pass over into a

moving loop form,[20] he writes, into a "loop-shaped way of being integrated [...] After each loop we become more receptive and more reactive".[21] In doing so, Latour does not have unequal distributions between North and South or Western knowledge production methods in mind. In a UN report in July 2019, Philip Alston warned of the coming "climate apartheid", which would divide the world into a few rich winners and countless losers.[22] It is not simply 'the human', after whom the Anthropocene is named (the era of human-made ecological upheavals of the planet), but a "specific (re)production method that is based on growth and intensification", or a "Capitalocene";[23] this could once again call humanity to act but is far more vague. What images of a whole, a globe with global networks, could show the world as one? The novelist William Golding had suggested the eloquent name of the Earth goddess to Lovelock, since the concept of *Gaia* worked with metaphorical translations in order to be compatible with various sciences;[24] it was initially its publication in a popular magazine, not within academia, that helped the idea to break through.[25] Similar to planetarium projections, *Gaia* is therefore positioned between a scientific basis and a general comprehensibility.

What affects us and what connects us is the planetary aspect of this. Touching a star, allowing ourselves to be touched by the images does not mean allowing a manipulative overpowering scenery to have the final word; instead it offers a contemporary entry into a coexistence of technology, sensual experience and an analysis of our own perspective. As part of a research project on the planetarium, Hans-Christian von Hermann and others at the Technical University Berlin similarly explored its history by starting with the "geocentric" ("Ptolemaic") and "Copernican" planets, or from those that placed the Earth at the centre as opposed to those showing the planets in their orbits around the Earth.[26] Both models still overlapped in the large Globe of Gottorf of 1650, but were soon to separate. Today, it is as if we are lying in the captain's chair on the bridge of the *Starship Enterprise*, generally looking up from below at projections that can once again implement both. In simulations, astronomical knowledge is vividly displayed following enormous translation chains of digital data sets that involve transformations of data into images and as animations, as flights through space. The relationship between individual sensual experience, between a common experience in the projection space, between natural scientific knowledge, between localised eyes and images of faraway places brings the most varied dimensions together in the planetarium. "Far from providing an external view of a purely objective cosmos, this virtual cosmography spectacularly demonstrates the impossibility of removing ourselves from the universal equation," comments David McConville on the planetarium in the digitally virtual age; within this, "the inherently situated nature of our representations confronts us

18 See Bruno Latour, *Kampf um Gaia: Acht Vorträge über das neue Klimaregime* [*Face à Gaia*, 2015], Suhrkamp, Berlin 2017, p. 106 f.

19 Ibid., p. 165.

20 See ibid., p. 236 ff.

21 Ibid., p. 241.

22 See Tom Batchelor, "Climate Apartheid", in: *The Independent*, 25.6.2019, https://www.independent.co.uk/environment/climate-change-crisis-rich-poor-wealth-apartheid-environment-un-report-a8974231.html, accessed on 9.7.2019.

23 Matthias Schmelzer, Andrea Vetter, *Degrowth/Postwachstum. Zur Einführung*, Junius, Hamburg 2019, p. 48.

24 "Since the 1970s, Gaia, the ancient Greek personification of Earth and mother of the first Gods, has lent her name to the concept of a planetary entity of all life processes, which was developed by James Lovelock and Lynn Margulis. As a global homeostatic regulatory cycle, as an active and adaptive control system as biochemist and engineer James Lovelock, who worked for NASA's Mars mission, describes it, Gaia embodies the cybernetically entangled totality of all life processes on Earth", Friedrich i.a., cf. note 13, p. 9.

25 See Diedrich Diederichsen, Anselm Franke (eds.), *The Whole Earth: Kalifornien und das Verschwinden des Außen*, catalogue on the exhibition at the HKW, Sternberg Press, Berlin 2013.

26 See Boris Goesl, Hans-Christian von Herrmann, Koehi Suzuki (eds.), *Zum Planetarium. Wissensgeschichtliche Studien*, Fink/Brill, Leiden i.a. 2018; see especially the historical contributions by Hans-Christian von Herrmann and Joachim Krausse and those on newer technologies by Tim Florian Horn (about fulldome projection) and David McConville (on dome theatres at world exhibitions of the 1930s, 360° Cineramas, among others).

27 David McConville, "Das Universum domestizieren", in: ibid., pp. 229-253, p. 252 f.

with the central immanence of our own being."[27] Unlike the view from outside, therefore, and also different from the view through the individual VR glasses, whose situatedness is up for debate, it might just be the planetarium of all things that makes us aware of our own perspective.

Ulrike Bergermann was appointed professor for media studies at Braunschweig University of Art in 2009. Prior to that, she taught at Bochum, Cologne and Paderborn among other institutions, completing her PhD in 2000 in Hamburg in sign language notation and sign language studies. She studied German language and literature, art history and other disciplines in Heidelberg and Hamburg. Since 2008, she had served as a member of the editorial board of the "Zeitschrift für Medienwissenschaft" (Journal for Media Studies), from 2010-2017 she was a member of the DFG's Lenkungsgremium Medienwissenschaften (German Research Foundation board of media studies). Her research interests include: media theory, history of science, gender and postcolonial studies; her publications can be viewed under: www.ulrikebergermann.de.

Werkverzeichnis / List of Works

The New Infinity 2018

Mobile Dome, Mariannenplatz, Berlin
26.9.–14.10.2018
Planetarium Hamburg
25.10.–27.10.2018

**Auftragsarbeiten der Berliner Festspiele /
Immersion und des Planetarium Hamburg /
*commissioned works by Berliner Festspiele /
Immersion and Planetarium Hamburg***

David OReilly
Eye of the Dream
2018

Fulldome-Video mit Sound /
fulldome video with sound
29:38 min, 44:32 min (Langversion / *extended
version*)

Produktion / *production:* David OReilly
Musik / *music:* Ben Lukas Boysen & Sebastian Plano
Programmierung / *programming:*
Damien Quartz & Ezra Hanson-White
Sounddesign / *sound design:* Eduardo Ortiz Frau
Narration: Alan Watts
Idee & kuratorische Beratung / *idea & curatorial
consulting:* Stephan Schwingeler

Holly Herndon & Mathew Dryhurst
Chain Opera
2018

Fulldome-Video mit Sound /
fulldome video with sound
15:18 min

mit / *with:* Melissa Holroyd, Frank Jendrzytza
Stimme / *voice:* Lily Anna Hanes
Choreografie / *choreography:* Jos McKain
Kamera / *director of photography:* Daniel Costa Neves
Schnitt & Farbkorrektur / *editing & colour grading:*
Daniel Costa Neves
Produktion & Aufnahmeleitung / *production & set
management:* Max Reich
Tonaufnahme / *sound recording:* Sean O'Connor
Hair & Make-up: Christian Fritzenwanker
Hair & Make-up Assistenz / *assistant:*
Dushan Petrovic
Kameraassistenz / *assistant camera:* Jason Yanez
Digitalbildtechnik / *digital imaging technician:*
Marius Hoppe
Gaffer: Moritz Friese
Elektronik / *electronics:* Paul Näther
Musik / *music:* Holly Herndon & Mathew Dryhurst
Aufgeführt von / *performed by:* Roman Ole
Bindert, Annie Garlid, Lyra Pramuk, Albertine Sarges,
Evelyn Saylor, Colin Self

Fatima Al Qadiri & Transforma
Extraordinary Alien
2018

Fulldome-Video mit Sound /
fulldome video with sound
10:40 min

Musik / *music:* Fatima Al Qadiri
Video: Transforma (Luke Bennett, Baris Hasselbach,
Simon Krahl)
Mischung / *mixing:* James Kelly
Raumklang / *spatialization:* Koenraad Ecker

Gastspiel /
guest performance

William Basinski, Evelina Domnitch &
Dmitry Gelfand
10000 Peacock Feathers in Foaming Acid
2007

Live-Konzert /
live concert

The New Infinity 2019

Planetarium Hamburg
13.–18.8.2019
Mobile Dome, Mariannenplatz, Berlin
5.–22.9.2019

Auftragsarbeiten der Berliner Festspiele /
Immersion und des Planetarium Hamburg /
commissioned works by Berliner Festspiele /
Immersion and Planetarium Hamburg

Agnieszka Polska
The Happiest Thought
2019

Fulldome-Video mit Sound /
fulldome video with sound
21:05 min

Animation: Agnieszka Polska, Nathan Gray
Sprecher / *voice artist:* Geo Wyeth
Sounddesign / *sound design:* Agnieszka Polska,
Igor Kłaczyński
Tonaufnahme / *sound recording:* Ronald van der Spek
Tonmischung / *sound mixing:* Igor Kłaczyński
Produktionsassistenz / *production assistant:*
Irma Blumenstock

Metahaven
Elektra
2019

Fulldome-Video mit Sound /
fulldome video with sound
13:21 min

Regie, Drehbuch, Schnitt, Tongestaltung /
direction, script, film & sound editing: Metahaven
Komposition / *composer:* Kara-Lis Coverdale
Kamera / *director of photography:* Remko Schnorr
Kameraassistenz / *camera assistant:* Ralph van de Weijer
Animation: Benedikt „Mad Max" Wöppel
Recherche Animation / *animation research:* Benedikt
„Mad Max" Wöppel, Metahaven, Bárbara Acevedo Strange
Sounddesign & Mischung / *sound design & mixing:*
Juan Pablo Thummler, Wave Studios
Farbkorrektur / *colour grading:* Remi Lindenhovius,
De Lodge Amsterdam
Mit / *with:* Jasmijn Xun Hamans, Valentina Di Mondo
Sprecherin / *voice artist:* Jasmijn Xun Hamans
Online- & Postproduktion / *online & post*
production: De Lodge Amsterdam
Produktionsassistenz / *production assistants:*
Marian Rosa van Bodegraven, Roman Haefliger,
Bárbara Acevedo Strange
Requisite / *props:* Metahaven, Bárbara Acevedo Strange,
Roman Haefliger
Betreuung / *support:* Djamila Abdalla,
Jamie Bouwmeester
Casting: Madelief Blanken, Jut&Jul, Casting Studio
Singelfilm, Amsterdam

Robert Lippok & Lucas Gutierrez
Non-face
2019

Fulldome-Video mit Sound /
fulldome video with sound
15:00 min

Video: Lucas Gutierrez
Musik / *music:* Robert Lippok
Cello: Elif Dimli, Anil Eraslan
Kuratorische Beratung / *curatorial consulting:*
Natalie Keppler

Gastspiele /
guest performances

Richard Reed Parry
Quiet River of Dust
2018

Live-Konzert /
live concert

Gitarre, Gesang / *guitar, vocals:* Richard Reed Parry
Keyboard: Laurel Sprengelmeyer
Schlagzeug / *drums:* Stef Schneider
Bass: Corwin Fox
Gitarre / *guitar:* Jordy Walker
Live Sound Mix: Harris Shper
Live Video Mix: Christelle Bellini

Konzept / *conception:* Richard Reed Parry,
Ryhna Thompson
Regie / *director:* JF Lalonde, Richard Reed Parry
Filmaufnahme / *film recording:* Richard Reed Parry
Motion Design, Regieassistenz / *motion
designer, assistant direction:* Christelle Bellini
Bilddramaturgie / *visual dramaturge:* Anita Rochon
Monolog / *monologue:* Yuka Honda
Filmaufnahme Monolog / *monologue film recording:*
Kaveh Nabatian
Tour- & Produktionsmanagement / *tour & production
manager:* Brian Neuman
Produktion / *production:* Ryhna Thompson

Dasha Rush
Aurora Cerebralis
2019

Audiovisuelle Live-Performance /
audiovisual live performance

Konzept, Sound & Szenografie /
concept, sound, scenography: Dasha Rush
Generative Visuals: Alex Guevara

Robert Lippok & Lucas Gutierrez
Applied Autonomy
2019

Audiovisuelle Live-Performance /
audiovisual live performance

Video: Lucas Gutierrez
Musik / *music:* Robert Lippok

The New Infinity On Tour

2018

13.- 14.10.2018
**Festival of Disruption. Curated by David Lynch,
Los Angeles**

30.10.- 4.11.2018
Nordische Filmtage, Lübeck

8.- 10.11.2018
MIRA Digital Arts Festival, Barcelona

15.- 25.11.2018
**IDFA: International Documentary Film
Festival Amsterdam**

29.11.- 2.12.2018
**Hyperspective: Inter-dimensional Dome Film
Festival, Los Angeles**

2019

22.- 31.3.2019
**Festival Internacional de Cine Las Palmas
de Gran Canaria**

29.6.2019
**Planetary Arts Summit
Wisdome Immersive Art Park, Los Angeles**

12.- 14.7.2019
Sudekum Planetarium, Nashville

26.9.2019
Planetario Galileo Galilei, Buenos Aires

4.10.- 6.10.19
Kilkenny Animated, Kilkenny

18.10.- 26.11.19
Space Camp, Aix-en-Provence

5.- 9.11.2019
MIRA Digital Arts Festival, Barcelona

20.11.- 1.12.2019
**IDFA: International Documentary Film
Festival Amsterdam**

21.11.- 23.11.2019
DIVE – Festival für immersive Künste, Bochum

Bildnachweis / Photo Credits

New York Film Festival visits VanDerBeek's Movie-Drome, Stony Point, New York, September 22, 1966
© Robert R. McElroy / Getty Images
(S./p. 7, 55)

Stan VanDerBeek: Movie-Drome, 1965, Design-In, Central Park, New York, NY, 1967
photo: Bob Hanson, Courtesy Estate of Stan VanDerBeek
(S./p. 9, 56)

Construction of the Dome of the Zeiss-Planetarium Jena, 1925
© Archive of the Zeiss-Planetarium of the Ernst-Abbe-Stiftung Jena
(S./p. 10, 57)

Kelly Spanou, Sonar, 2016
© Kelly Spanou
(S./p. 20, 67)

Francesco Botticini, The Assumption of the Virgin, 1475–1476
© National Gallery, London
(S./p. 24, 71)

Screenshot, start screen of Google Earth
(S./p. 27, 74)

Metahaven, Elektra, 2019, installation view, Planetarium Hamburg 2019
(S./p. 29, 48, 49, 50, 51)

Agnieszka Polska, The Happiest Thought, 2019, still
© Agnieszka Polska and Żak Branicka Gallery, Berlin
(S./p. 30)

Agnieszka Polska, The Happiest Thought, 2019, installation view, Planetarium Hamburg 2019
(S./p. 31, 32, 33)

David OReilly, Eye of the Dream, 2018, still
© David OReilly
(S./p. 34, 35, 36, 37)

Fatima Al Qadiri & Transforma, Extraordinary Alien, 2018, still
© Transforma
(S./p. 38)

Fatima Al Qadiri & Transforma, Extraordinary Alien, 2018, installation view, Mobile Dome Berlin 2018
(S./p. 39)

Mobile Dome, Mariannenplatz, Berlin, installation view, Berlin 2018
© Berliner Festspiele, *photo:* Michael Nast
(S./p. 40, 41)

Holly Herndon & Mathew Dryhurst, Chain Opera, 2018, still
© Daniel Nevis
(S./p. 42, 43)

**Holly Herndon & Mathew Dryhurst,
Chain Opera, 2018, illustration**
© Molly Smith
(S./p. 43)

**Robert Lippok & Lucas Gutierrez, Non-face,
2019, installation view, Planetarium Hamburg
2019**
(S./p. 44, 46, 47)

**Robert Lippok & Lucas Gutierrez, Non-face,
2019, still**
© Robert Lippok & Lucas Gutierrez
(S./p. 45)

Metahaven, Elektra, 2019, still
© Metahaven
(S./p. 49)

**William Basinski, Evelina Domnitch &
Dmitry Gelfand, 10000 Peacock Feathers in
Foaming Acid, 2018, installation view,
Mobile Dome Berlin 2018**
(S./p. 52)

Mobile Dome, Mariannenplatz, Berlin 2018
© Berliner Festspiele, *photo:* Michael Nast
(S./p. 84)

Alle Installationsansichten – soweit
nicht anders angegeben / *all installation
views – unless otherwise indicated:*
© Berliner Festspiele
Foto / *photo:* Mathias Völzke

Impressum / Imprint

The New Infinity

Konzept / *concept:*
Dr. Thomas Oberender, Thomas Kraupe

Projektleitung / *project management:*
Kathrin Müller

Programmleitung / *programme management:*
Adrian Waschmann

Projektkoordination / *project coordination:*
Lisa Tietze

Szenografie / *scenography:*
Doris Dziersk

Technische Leitung / *technical director:*
Sarah Koch, Matthias Schäfer

Leitung Fulldome-Produktion Technik /
head of fulldome production & technology:
Sascha Kriegel

Fulldome-Koordination / *fulldome coordination:*
Ralph Heinsohn, Jakob Laugs

Spatial Sound Mixing:
Johannes Scherzer
TAUCHER Sound Scenography

In Koproduktion mit dem / *in coproduction with:*

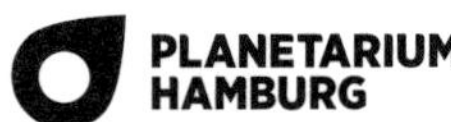

Präsentation in Berlin 2018/2019 im Rahmen der /
presentation in Berlin 2018/2019 as part of:

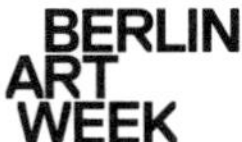

Präsentation in Hamburg 2019 in Kooperation mit
dem Internationalen Sommerfestival / *presentation
in Hamburg 2019 in cooperation with the International Summer Festival:*

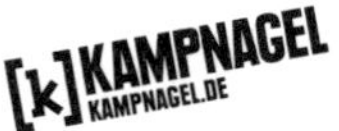

Immersion

Künstlerische Leitung / *artistic director:*
Dr. Thomas Oberender

Programmleitung / *programme management:*
Anja Predeick

Programmkoordination / *programme coordination:*
Julia Badaljan

Produktionsleitung / *production management:*
Albrecht Grüß, Benjamin Koziol

Technische Leitung / *technical director:*
Florian Schneider

Administration, Controlling:
Marc Pohl

Programmassistenz / *programme assistant:*
Simay Yasar

Redaktion / *editors:*
Lisa Schmidt, Jochen Werner

Redaktionsassistenz / *editorial assistant:*
Anna Polze

Presse / *press:*
Svenja Kauer

IMPRESSUM

Berliner Festspiele

Ein Geschäftsbereich der / *a division of:*
Kulturveranstaltungen des Bundes in Berlin GmbH

Intendant / *artistic director:*
Dr. Thomas Oberender

Kaufmännische Geschäftsführerin / *managing director:*
Charlotte Sieben

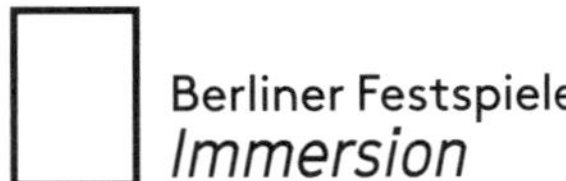
Berliner Festspiele
Immersion

Die Berliner Festspiele werden gefördert durch /
Berliner Festspiele are funded by:

Die Beauftragte der Bundesregierung
für Kultur und Medien

Das Programm Immersion wurde ermöglicht durch eine
Initiative des Deutschen Bundestags und dank der
Unterstützung der Beauftragten der Bundesregierung
für Kultur und Medien. / *The programme Immersion
was made possible by an initiative of the German
Federal Parliament and thanks to the support of the
Federal Government Commissioner for Culture and
the Media.*

Partner / *partners:*

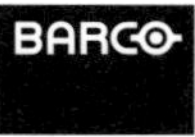
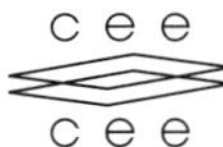
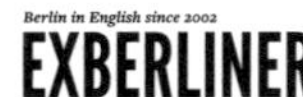
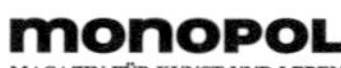
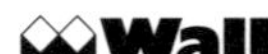
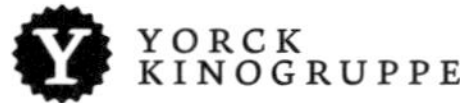
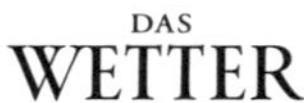

Publikation / *Publication*

Diese Publikation erscheint anlässlich der Programmreihe The New Infinity. / *This publication is published on the occasion of the programme series The New Infinity.*

Herausgeber / *editor:*
Dr. Thomas Oberender

Projektleitung / *project management:*
Anja Predeick

Konzept / *concept:*
Dr. Thomas Oberender, Lisa Schmidt & Adrian Waschmann

Redaktion / *editor:*
Lisa Schmidt

Redaktionsassistenz / *assistant editor:*
Anna Polze

Lektorat / *copyediting:*
Maurice Lahde (Deutsch / *German*),
Dave Westacott (Englisch / *English*)

Übersetzung / *translation:*
Herwig Engelmann (ins Deutsche / *into German*),
Julia Schweizer (ins Englische / *into English*)

Visuelles Konzept & Gestaltung /
visual concept & design:
Eps51, Berlin

Gesamtherstellung / *production:*
Printmanagement Plitt, Oberhausen

Erschienen im / *published by:*
Verlag der Buchhandlung Walther König
Ehrenstr. 4, 50672 Köln
Tel. +49 (0) 221 20 59 6 53
www.buchhandlung-walther-koenig.de

Copyright 2019 Berliner Festspiele, die Künstler*innen, Autor*innen, Fotograf*innen, Galerien und Verlag der Buchhandlung Walther König, Köln. / *Copyright 2019 Berliner Festspiele, the artists, authors, photographers, galleries and Verlag der Buchhandlung Walther König, Cologne.*

Die Deutsche Nationalbibliothek verzeichnet diese Publikation in der Deutschen Nationalbibliografie; detaillierte bibliografische Daten sind im Internet über http://dnb.dnb.de abrufbar. / *The Deutsche Nationalbibliothek lists this publication in the Deutsche Nationalbibliografie; detailed bibliographic data are available on the Internet at http://dnb.d-nb.de.*

Gedruckt in Italien / *printed in Italy*

ISBN: 978-3-96098-664-5

Vertrieb / *Distribution*

Europa / *Europe:*
Buchhandlung Walther König
Ehrenstr. 4
D - 50672 Köln
Tel: +49 (0) 221 / 20 59 6 53
verlag@buchhandlung-walther-koenig.de

Großbritannien & Irland / *UK & Ireland:*
Cornerhouse Publications Ltd. - HOME
2 Tony Wilson Place
UK – Manchester M15 4FN
Tel: +44 (0) 161 212 3466
publications@cornerhouse.org

Außerhalb Europas / *Outside Europe:*
D.A.P. / Distributed Art Publishers, Inc.
75 Broad Street, Suite 630
USA - New York, NY 10004
Tel: +1 (0) 212 627 1999
orders@dapinc.com

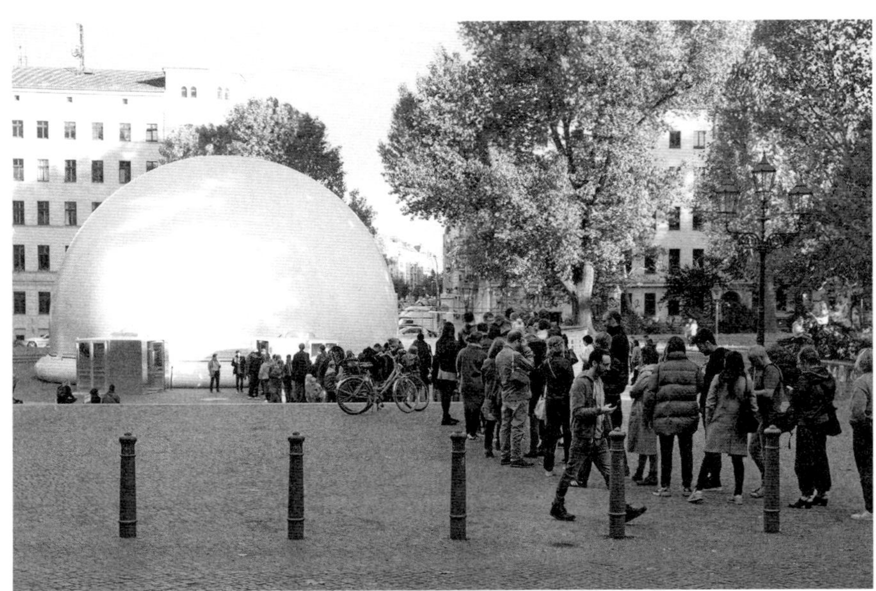